「AI資本主義」は人類を救えるか

文明史から読みとく

中谷 巌 Nakatani Iwao

NHK出版新書
571

「ＡＩ資本主義」は人類を救えるか——文明史から読みとく　目次

第二章　データイズムの罠
――『ホモ・デウス』から「ＡＩ資本主義の未来」を考える

はじめに

私は前著『資本主義はなぜ自壊したのか』で、グローバル資本主義の問題点を指摘しました。世界経済の不安定化、所得や富の格差拡大、地球環境破壊などを引き起こす、グローバル資本という「モンスター」の野放図な振る舞いに歯止めをかけ、軌道修正しないかぎり、人間社会はさらに危機的な状況に陥るという議論を展開したのです。

この本を上梓してから一〇年が経ちましたが、グローバル資本がもたらす問題点はいっこうに改善されていません。それどころか、資本主義とＡＩ（人工知能）が結びつくことで、問題点は増幅されているようにすら思われます。

一九八〇年代頃から、資本主義は、モノづくりが主役の「産業資本主義」から金融が主役の「金融資本主義」へと変質したとも言われますが、時代はいまや、ＡＩが取りしきる新しい資本主義、「ＡＩ資本主義」とも呼ぶべきステージに突入したのではないでしょうか。果たして、ＡＩ資本主義は人類が直面しているさまざまな危機を克服できるのでしょうか。あるいは、これらの危機を逆に増幅してしまうのでしょうか。本書の主要なテーマは、ＡＩ資本主義が人類にもたらすであろう多様な問題を取りあげ、それに対処する方法について考察することです。

「ＡＩ資本主義」というと、資本主義が最新テクノロジーと結びついた今日的な現象に思われるかもしれませんが、実は、これは一朝一夕に生まれたわけではありません。産業革命以降、資本主義は科学と結びつき、高度経済成長をもたらしました。いま私たちが取り込みつつあるＡＩは資本主義が本来持っていた性向をどう変えるのか。ＡＩ資本主義の本質を把握するためには、テクノロジーの最新動向だけを追いかけてもあまり役に立ちません。ＡＩの可能性と限界について深く理解するためには、「人間とは何なのか」という問いを含め、人類文明史を紐解くことが不可欠なのです。

そこで本書では、数万年前から資本主義誕生を経て今日に至る人類文明史を概観することでＡＩ資本主義の根本に迫り、それをどうコントロールするべきかを考えてみることにします。換言すれば、人類の過去・現在・未来を丸ごと扱うということになります。

かなり大風呂敷を広げましたが、私自身はと言えば、経済学という限定された分野の出身であり、尋常なことではこのようなテーマに立ち向かうことはできません。このような壮大なテーマに取り組むためには、経済学に加えて歴史、哲学、倫理学、認知科学、心理学、進化生物学、宗教学、脳科学、科学史など、リベラルアーツ全般にかかわる幅広い分野の研究者、専門家の助けが必須になってきます。

幸いなことに、私は十数年前から「不識塾」という、大手企業経営幹部との勉強会（塾）を主宰しています。不識塾では、リベラルアーツを中心に据え、塾生である経営幹部、リベラルアーツ各分野の専門家、最先端のAI研究者などの積極的な参加を得て、毎週のように侃々諤々《かんかんがくがく》の「知の格闘」を続けています。実際のところ、これほど熱気にあふれた討論の場が十数年ものあいだ存在し続けていること自体、私は半ば「奇跡」だとさえ思っています。

＊

本書には、リベラルアーツに基づく不識塾での文明史研究の成果が凝縮されています。そこでAI資本主義について詳述する前に、リベラルアーツとはいかなるものかについて解説しておきたいと思います。

リベラルアーツ（Liberal Arts）とは、かつてヨーロッパの大学で学問の基礎と見なされた七科目を指し、「人を自由にする学問」と捉えられていました。現在では広く、歴史や哲学、経済学、宗教、芸術文化などの人文科学、社会科学関連の学問全般を指すことが多いようです。

リベラルアーツを学ぶことで得られる効用は、簡単に言ってしまうと、二つあります。

第一の効用は、「自分を客観的に見る訓練になる」ということ。人間は、誰もが何らかの「文化的偏り」を持っています。そのことを認識することこそ、世界をバランスよく理解するための大前提です。本書の第一、二章で取りあげるイスラエルの若き歴史家、ユヴァル・ノア・ハラリは次のように述べています。

私たちは一人残らず、特定の歴史的現実の中に生まれ、特定の規範や価値観に支配され、特定の政治経済制度に管理されている。そして、この現実を当たり前と考え、それが自然で必然で不変だと思い込んでいる。（『ホモ・デウス』上巻、柴田裕之訳、八〇ページ）

つまり、誰でも、異なる文化的背景と個性（もしくは偏見）を持っている。まず、そのことを自覚し、自らの「文化的偏り」がいかなる特徴を持っているのかを理解しないと、独りよがりになってしまうということです。さらに、自分以外の人たちがいかなる環境に生まれ、どのような文化のなかで育ったのかを知ることができれば、それとの対比で自分を見つめ直し、自分が何ものかを考えるきっかけになります。

『風姿花伝』を著した世阿弥は、「離《り》見《けん》の見《けん》」という言葉を残しました。「離見の見」とは、能を演ずる役者の心得を述べたもので、「舞台に立つ者は常に、自分が観客からどう見えているかを意識しなければならない」という教えです。すなわち、自分を離れて自分を客観的に見る。この「離見の見」に似た経験ができるところに、リベラルアーツを学ぶことの第一の効用があるのです。

第二の効用は、「自分のなかのOSをバージョンアップできる」ということです。OS（オペレーティング・システム）は、コンピューターが情報を処理するのに必要なさまざまな機能を提供しています。OSが時代遅れのものだと、大量のデータを入手しても、それを生かす分析はできません。それと同じで、私たちが日々さまざまな情報や知識に触れていたとしても、それらを高度なOS（総合的に物事を分析できる能力）で処理しないかぎり、有用な知恵を獲得することは困難でしょう。

コンピューターのOSと同様、自分のなかのOSが時代遅れなものであれば、情報の的確な分析はできないし、当然ながらそこから導かれる意志決定も間違えてしまう。OSは一度インストールしたらあとは放置してよいものではなく、常に鍛え、バージョンアップしなければならないものなのです。

リベラルアーツを学ぶとは、自分のなかのOSのバージョンアップを意識し、常に更新することであると言ってよいでしょう。したがって、リベラルアーツの勉強とは、単に小手先のスキルを身につけることや知識やデータを増やすということではありません。そのような知識や情報だけならば、ネットをサーチすることで容易に手に入る時代です。むしろ、大量の知識やデータを総合的な視点で分析する能力（編集する能力、あるいは、ストーリーを創りあげる能力）を身につけられるということがリベラルアーツの醍醐味なのです。

＊

さて、最近の不識塾のカリキュラムで最もホットな話題のひとつは、AI資本主義が人類文明にどのような影響を与えるのか、また、人類は資本主義に内在する諸問題を克服して自らの望む世界を創ることができるのかという問題です。このことを議論するためには、まず、資本主義の歴史を概観し、資本主義が持っている性格や特徴を理解しておく必要があります。

資本主義の歴史において、「資本の論理」が一貫して要求してきたのは利潤の最大化でした。このためには、利用できるものは何でも利用し、必要ならそれを「他者」として排除したのです。コロンブスのアメリカ大陸到達以降、ヨーロッパ諸国はアメリカ大陸に住む先住民を、自分たちキリスト教徒とは異なる野蛮な「他者」と見なし、彼らを排除することによって莫大な富を手にした。これは先住民を自分たちの仲間とは捉えず、あくまで「他者」として排除し、収奪した典型的な例です。

人間による自然の搾取も同様です。修復に必要な費用として、十分な対価を社会に支払うことなく自然を利用し、利潤を得るというのは「資本の論理」からすれば常識でした。これは自然を人間にとって利用可能な「他者」として、「排除」していたということに他なりません。これがやがて自然破壊、異常気象の原因になっていったことは言うまでもありません。

翻って、AI資本主義はどうか。AIが人類の知能を超えるようになる「シンギュラリティ」が到来するかどうかはともかく、高度な知的労働をAIに奪われる人間は、労働市場から「排除」されてしまい、「無用者階級」に転落する恐れがあります。あるいは、ＡＩが再生医療やゲノム編集技術と結びつけば、一部エリート層は「不老不死」を手にするかもしれませんが、そのような存在はもはや人間というより、「サイボーグ」です。そうなれば、現在の「ホモ・サピエンス」は消滅するとも考えられます。

そしてＡＩ資本主義のもとでも、自然の「排除」は続くでしょう。産業革命以来、排出された放射性物質や、新たに生まれたプラスチックなどの人工化合物が地中や海底で急激に累積し続け、それが生態系を破壊し続けています。

さらに言えば現在、ＧＡＦＡ（Google, Apple, Facebook, Amazon の略称）と呼ばれる巨大ＩＴ企業が提供するサービスが私たちの日常生活に深く浸透してきました。私たちは、知らず知らずのうちに、これら企業が提供する情報システムにしっかりと組み込まれ、それによって生活の方向を決められるという事態になっています。ＡＩ資本主義が人間社会の根本的な構造、ひいては人類文明そのものを変えようとしているのです。

以上のような状況を理解するためには、人類がたどってきた文明史を学ぶことをとおして、そもそも「人間とは何なのか」についての哲学的理解を深めることが不可欠になります。ＡＩの可能性を論じようとしても、この哲学的な問いと正面から向き合わないかぎり、有益な結論を手にすることは不可能なのです。

しかし、「人間とは何か」という問いも含め、「人類史」の範囲はあまりにも広い。この茫漠《ぼうばく》たる領域を踏破するためには、私たちの「思考」の方向性を定めるための指針が必要です。本書ではそのためのいわば「補助線」として、四冊の本を厳選しました。

それらは、ユヴァル・ノア・ハラリの『サピエンス全史』と『ホモ・デウス』、イマニュエル・ウォーラーステイン『ヨーロッパ的普遍主義』、そしてクリストフ・ボヌイユほか『人新世とは何か』です。いずれも不識塾のテキストとして取りあげたものです。

本書では、この四冊の本からそれぞれ指針となるキーワードを挙げて、現代に連なる人類史を解説し、ＡＩ資本主義のゆくえを探っていきます。もちろん単なる解説ではなく、それぞれの書物の著者が提供しているものの見方に対する批判をも加えつつ、結論として私独自の視点（キーワード）を提示したうえで、あるべき未来への提言を試みます。

＊

以下、本書の構成について述べておきます。

第一章ではユヴァル・ノア・ハラリ『サピエンス全史』を取りあげます。この本はビル・

ゲイツやマーク・ザッカーバーグといったＩＴ産業の巨星たちがこぞって激賞したこともあって、発売後、ただちに世界的ベストセラーとなり、いまや、ビジネスパーソンにとっての必読書となった感があります。著者のハラリはこの本で、物理的には存在していない（もしくは手に取って確かめることのできない）「想像上の虚構」がホモ・サピエンス発展のカギだったという卓抜な着想で人類文明発展の歴史を語りました。宗教から国家、人権、民主主義に至る「虚構」こそが、ホモ・サピエンスを地球の盟主に仕立てあげたというわけです。本書の読み解きをとおして、ＡＩ資本主義を準備した人類の過去を大局的に把握する視点を提示したいと思います。キーワードは「自然vs.虚構」です。

第二章では、『サピエンス全史』の続編にあたる『ホモ・デウス』を紹介します。この本でハラリは、先述した「無用者階級」の登場など、ＡＩ資本主義がもたらす「負の未来」を描き出しました。ＡＩやバイオテクノロジーの発展にともない、人間は「データ」に翻弄され、「データ」に判断や意志決定の多くを委ねてしまうようになるため、結局、民主主義もヒューマニズムも崩壊するというのです。最後は「ホモ・サピエンス」自体の滅亡すら考えられる、と。果たして、この未来像は不可避なのか。どうすれば乗り越えられるのか。ここでのキーワードは「データイズムの罠」です。

資本主義はそもそも西洋近代の発展と軌を一にして誕生しました。歴史社会学の権威ウォーラーステインが指摘するところによると、西洋が近代世界を征服し、世界の覇権を握ることができたのは、「西洋近代が確立した価値観こそが普遍的なものである」というレトリックを時代ごとに巧妙に使い分け、世界に浸透させることに成功したからです。第三章では、彼の著書『ヨーロッパ的普遍主義』の読解から普遍主義のレトリックの変遷を追い、それがＡＩ資本主義にもたらした課題について考えてみます。キーワードは「普遍主義」です。

第四章のキーワードは「自然の逆襲」。一部の地質学者たちは、いまや地球は新しい地質時代「人新世」に突入していると主張しています。数千年先に現代の地質を分析すれば、プラスチックなどの人工化合物や放射性物質をはじめ、産業革命以来、人類が積みあげた自然生態系に吸収されない物質が大量に検出されるだろうというわけです。

これは地質学界の公式見解ではありません。しかし、「人新世」という命名には人が地球環境を決定づける主人公だという意味が込められている。つまり、人類こそ、異常な気候変動を引き起こし、自らの生存を脅かす環境破壊を生み出している張本人だという考え方です。『人新世とは何か』の読解をとおして、ＡＩ資本主義に対する自然の逆襲が起こっていることを示します。

以上をふまえ、第五章で私が提示するキーワードは「包摂」（インクルージョン）です。資本主義が内在的に持っていた「排除の論理」は歴史的に見て限界に直面していること、「排除の論理」を継承したＡＩ資本主義を軌道修正するためには、「包摂の論理」（搾取の対象としてきたさまざまな対象物を「身内」として包み込もうという考え方）への思想転換こそ不可欠であり、これこそ二一世紀の人類文明の課題であることを論じたいと思います。そして最後に、この思想を実践していく際に、日本が世界に対してできることは何か、という課題にも迫ってみます。

＊

本書では以上四冊だけではなく、読者に有益な本を他にも何冊か紹介します。取りあげる本は、いずれも実用的なビジネス書ではなく、ものによっては読み通すのにかなり骨が折れる書籍も含まれるでしょう。しかし、これらの本は現在の知の最前線を示し、大きな転換期にある世界を捉える新たな視点や、思いもよらなかった枠組みを示唆してくれる。これらの刺激的な本の助けを借りながら、ＡＩ資本主義のゆくえを、そして私たち日本人の未来を読者のみなさんと考えていきたいと思います。

第一章　自然vs.虚構

――『サピエンス全史』から「ＡＩ資本主義の現在」を読む

なぜＩＴの巨人たちが絶賛したのか

イスラエルの歴史学者ユヴァル・ノア・ハラリが書いた『サピエンス全史』(二〇一一年原著刊)は、二〇一四年に英訳が出るや大ヒットとなり、現在までに三〇近い言語に翻訳される世界的ベストセラーとなりました。

本書冒頭で述べたとおり、この本が大ヒットした理由の一つは、ビル・ゲイツやマーク・ザッカーバーグといったＩＴ産業の巨星たちがこぞって激賞したことにあります。ゲイツが「夏休みに読むべき五冊の本」にこの本を選び、これを読んだらきっと誰かと語り合いたくなるに違いないといった最大級の褒め言葉を述べたものですから、「ＩＴビジネスの大成功者がそこまで言うのなら」と、みんなが勇んで読んでみたところ、やはりその発想力や構想力にたいへん驚かされた。執筆当時はまだ三十代半ばだったハラリというイスラエルの若き歴史学者が、人類文明の発展構造を的確に示す非常におもしろい話を展開している、この本によってグローバルな人類文明史を理解するための足掛かりができた、ということで、刊行以来、世界中を沸かせ続けている本です。

ゲイツやザッカーバーグといったＩＴ界の成功者たちは、なぜこの本に飛びついたのか。読んでみるとわかるのですが、この『サピエンス全史』には特定の国の話はほとんど出てきません。語られている対象はすべて「人類」、つまりグローバルな人間の歴史についてです。そして、言うまでもなく、ゲイツもザッカーバーグもビジネスの対象として考えているのは、特定の地域などではなく、全世界、つまり人類全体なのです。

考えてみると、人類にはもともと国家などなく、私たちの祖先は狩猟生活をしながら森のなかを駆け回っていた。定住生活をするようになったのは、せいぜい一万二〇〇〇年あまり前のことです。人類はもともと、国境を越えて自由に動き回る存在だった。その感覚は長らく忘れられていたのですが、インターネットが登場して以降、人々が国境を越えて意見を交換したり、コミュニティをつくったりするという感覚が、ビジネス界だけではなく一般の人たちのあいだでも当たり前のようになってきました。

そういう背景のもと、たとえば大英帝国史や日本史といった個別の歴史ではなく、人類というものを一括りにした大きな歴史の語りが求められるようになった。それに応えたのがこの『サピエンス全史』であり、しかも、その歴史を卓抜な発想をもって書き連ねたところに、この本がIT界の成功者たちをはじめ世界中のビジネスパーソンを強く惹きつけた理由があったのでしょう。

「鳥瞰する力」を身につける

『サピエンス全史』はほんの数年前に出た本ですが、いまや古典に近い存在になっていると言っても過言ではないでしょう。ハラリはこの本において、数万年前から今日に至るまでの人類の歩みを、最新の技術であるＡＩやバイオテクノロジーといった分野までを視野に入れて書いています。そして、これから先に人類文明はどうなるのかの予測は、続編『ホモ・デウス』で展開されています。『ホモ・デウス』は第二章で取りあげますが、この二冊を併読することで、数万年前から二一世紀末頃に至るまでの、人類の歩みとその将来を鳥《ちょう》瞰《かん》できるわけです。

「鳥瞰する力」を身につけているか否かで、ものの見方、あるいはビジネスに対する取り組み方が、まるで変わってくるはずです。鳥瞰する視点を得られることが、ハラリの著書の大きな効用でしょう。同時に彼の本には、こうした長い歴史を刻んできた人類とはいったいどのような存在なのか、といったことを考えさせる哲学的な要素も色濃くあります。

そんなわけで、ＡＩ資本主義の現在を理解するために、私はまずこの『サピエンス全史』をみなさんに推奨したい。私が主宰する不識塾でも、最近はまず課題図書として『サピエンス全史』を塾生に読んでもらい、それをベースに数人の「師範」（歴史社会学、哲学、経済学、大手企業経営幹部などのみなさんに毎年「師範」として不識塾の企画運営に参加していただいている）を交えて徹底討論するという形をとっています。こうすることによって、参加者全員が同じ言葉を使って人類の文明史を語れるようになるのです。

第一章では以下、『サピエンス全史』を手掛かりに人類文明史を鳥瞰したうえで、ＡＩ資本主義の現在を考察していきます。キーワードは「自然vs.虚構」です。

ホモ・サピエンスはなぜ生き延びたのか

『サピエンス全史』において、ハラリは一つの大きな問いを掲げました。それは、地球上に存在したさまざまなホモ（ヒト）属のなかで、なぜホモ・サピエンスだけが今日まで生き延びることができたのか、という問いです。

人類がはじめて誕生したのは約二五〇〇万年前。そこから、ホモ・ネアンデルターレンシス（ネアンデルタール人）、ホモ・エレクトスなど数多くのホモ属が現れ、地球上のさまざまな地域に同時期に存在したこともあったわけですが、唯一の例外を除き、そのすべてが地球上からやがて姿を消しました。その例外がホモ・サピエンスです。

ハラリは、人類史には大きな節目となった三つの「革命」があったと指摘します。

歴史の道筋は、三つの重要な革命が決めた。約七万年前に歴史を始動させた認知革命、約一万二〇〇〇年前に歴史の流れを加速させた農業革命、そしてわずか五〇〇年前に始まった科学革命だ。(『サピエンス全史』上巻、柴田裕之訳、一四ページ)

そして彼によれば、ホモ・サピエンスが生き残ることができた最大の理由は、「認知革命」にあります。認知革命とは、ホモ・サピエンスがもともと持っていた学習、記憶、意思疎通などの認知能力における革命的な変化のこと。具体的には、言語によるコミュニケーションのあり方の突然の変化です。なぜその変化が七万年前のホモ・サピエンスに起きたのかはいまだ解明されていません。

ハラリは、認知革命がホモ・サピエンスにとって驚くほど多くのことを可能にしたと言います。たとえば、身の回りの自然環境の危険についての詳細な情報をやりとりする。あるいは、信頼できる人は誰かという人間に関する情報を伝え合う。これにより、家族など親密な人たちだけではなく、より大きな集団による協力関係が築けるようになったのです。

こうした、大勢の人間をまとめてマネージする力というものは、ネアンデルタール人にはあまりなかった。したがって、ネアンデルタール人は家族や親戚など小さな集団でしか仕事ができなかったのです。実際、考古学者が発掘したネアンデルタール人の遺跡はいずれも小規模であったと言われています。集団が小規模だと、できることも限られてきます。自然の脅威や外敵から身を守るための大きな城壁をつくることや、洪水を防ぐための大規模な治水工事なども不可能でした。

以前、NHKスペシャル「人類誕生」という三回にわたるシリーズ番組で紹介されていましたが、ネアンデルタール人とホモ・サピエンスを一人ずつ立たせて比較すると、ネアンデルタール人のほうがずっと立派に見える。体が大きく、知力が優れていて、敏捷《びんしょう》さもある。動物などと戦う力もずっと強い。一方、ホモ・サピエンスからは小さくて非力な印象を受けます。個人として比べればネアンデルタール人のほうが優秀だというのが、現在の考古学では定説になっているそうです。

ネアンデルタール人に比べると、私たちホモ・サピエンスは華奢《きゃしゃ》で、力もひ弱だった。にもかかわらず、祖先たちが生き残ることができた秘密は、実はその弱さにこそあったと考えられているのです。弱いからこそ、必死になって安全な狩りを行うことができる道具を生み出し、弱いからこそ仲間同士で力を合わせ「協力」して集団の力を高めたのです。

狩りの対象が凶暴な大型動物であればなおさらその必要性は高かったと想像できます。そういったさまざまな生き残りの方法を考案する過程で、脳の進化が促され、ホモ・サピエンスはそれまでの人類種が持てなかった全く新たな「想像力」を獲得したと考えられます。

非力なホモ・サピエンスたちは、なるべく大きな集団をつくり、その集団の力を結集することによって、狩りをより安全なものにしたり、自然の脅威から身を守る頑丈な家や堤防をつくったり、大勢がかたまって暮らす村や町をつくったり、その周りに城壁を巡らせたりしてきました。多くの人の共同作業を可能にさせるような能力を身につけたことで、ホモ・サピエンスは生き延びたのです。

虚構を語る力が協力を可能にした

このように、大勢の人との共同作業を可能にしたのが七万年前に起きた認知革命でした。ハラリによれば、これは単に実在する自然の脅威についての情報を共有し、それに対処できるようになったというレベルの変化ではありません。認知革命で起きた最も重要な変化は、「まったく存在しないものについての情報を伝達する能力」（前掲書上巻、三九ページ）を得たことだと彼は主張します。実在しないもの、つまり「概念」や「物語」を共有する力です。

伝説や神話、神々、宗教は、認知革命に伴って初めて現れた。それまでも、「気をつけろ！　ライオンだ！」と言える動物や人類種は多くいた。だがホモ・サピエンスは認知革命のおかげで、「ライオンはわが部族の守護霊だ」と言う能力を獲得した。虚構、すなわち架空の事物について語るこの能力こそが、サピエンスの言語の特徴として異彩を放っている。（同前）

では、「虚構について語る能力」にはどのような効用があるのでしょうか。

虚構のおかげで、私たちはたんに物事を想像するだけではなく、集団でそうできるようになった。聖書の天地創造の物語や、オーストラリア先住民の「夢の時代（天地創造の時代）」の神話、近代国家の国民主義の神話のような、共通の物語を私たちは紡ぎ出すことができる。そのような神話は、大勢で柔軟に協力するという空前の能力をサピエンスに与える。（前掲書上巻、四〇ページ。強調は原文、以下同）

虚構、すなわちフィクションが協力を可能にしたとは、いったいどういうことなのか。少しわかりにくいかもしれませんので解説しましょう。

城壁を巡らせる例をとって考えてみましょう。何のために城壁をつくるのかという共通の目的や価値観をみんなが共有していれば、城壁の具体的なイメージを全員が把握したうえで作業に参加することになるため、共同作業はやりやすくなる。もしそれが共有できなければ、「俺はこっちの壁をつくる。お前は勝手にそっちをやって」となってしまい、まとまった大きな仕事の達成は難しくなるでしょう。

ホモ・サピエンスは、ある価値観さえ共有できれば、特に親密ではない赤の他人とも柔軟に協力することができます。その価値観とは、たとえば「神」です。ある村で信奉されている豊穣の神がいるとします。あるとき村人たちがその神に一生懸命雨乞いをしたところ、実際に雨が降ってきた。あの神様はすごい、という話が何かのきっかけで隣の村に伝わると、隣村でもその神を信じるようになった。そうやって、その神が発するメッセージが、物理的な距離を超えて、人々のあいだの共有財産になります。

あちこちに点在して互いに交流のなかった村の人たちのあいだに一つのシンボルが形成されることで、彼らはそれを疑似的な北極星のように、ともに仰ぎ見るようになります。

そこに共通の目標ができあがり、それに向かってなら会ったことのない人同士でも協力できる。これこそ、ハラリが描いたフィクションの力、すなわち「想像上の虚構」(Shared Fiction) の力というものです。

そして、そのような「想像上の虚構」こそ、ホモ・サピエンスを地球上のあらゆる生物の頂点に立たせる決定的な要因になったのです。

その結果、孤立していた人々のあいだに共通の関心事が生まれ、やがてそれが高度なネットワークの形成につながっていきます。グローバリゼーションはこうやって始まったと言ってもよいでしょう。もっと言えば、トランプ現象やイギリスのEU離脱のような、反グローバリゼーションへの動きは起こるとしても、大局的に見ると、人類の歴史はグローバル化の歴史であったし、今後もその流れは変わらないでしょう。

人類は、今後も否が応でも(あるいは、多少の揺り戻しはときに起きるけれども)グローバル化を進めていくことになる。これが、『サピエンス全史』の結論です。

『ギルガメシュ叙事詩』における「自然」と「文明」

このハラリの刺激的な論を読んで思い出すのは、『ギルガメシュ叙事詩』です。これは、メソポタミアから出土した粘土板に刻まれていた叙事詩で、五〇〇〇年ほど前に書かれた世界最古の文学の一つと言われるものです。

主人公のギルガメシュは半神半人で、ウルクという城の王として君臨しています。城壁の外では自然が猛威を振るっており、その影響をなるべく小さくするために城壁がつくられました。ここには、自然を遮断して人間による文明世界を創りあげるという含意を読み取ることができるでしょう。紀元前三〇〇〇年のあたりから、人間は城壁をつくってそのなかに人工的な社会を創るということを当然のようにやり遂げていたわけです。

この叙事詩が書かれた当時、古代シュメールではすでに農耕が始まり、ホモ・サピエンスしかいない時代になっていますが、先述したとおり、ホモ・サピエンス以前の人類種には、城壁をつくるなどという芸当はできなかった。それは、彼らが「自然の脅威から身を守るために、人間がまとまって住むための都市が必要だ」という考え方を共有できなかったからです。

『ギルガメシュ叙事詩』の背景にある考え方は、「自然」と「文明」の関係です。ここでは、何とかして自然を克服し、人間が安心して暮らせる文明社会を創りあげたいというギルガメシュの強い意志が表明されている。城壁の外は「自然」、城壁の内側は「文明」というわけです。

物語には、動物とも話ができるほど自然に溶け込んでいるエンキドゥという野生的な人物が登場します。しかし、エンキドゥは娼婦のシャムハトと出会い、六晩七日交わることで野性味がそがれ、人間らしくなっていきます。娼婦シャムハトが「自然」と「文明」の架け橋の役割を果たしたことになります。

かくして、エンキドゥはギルガメシュの無二の親友となり、数々の冒険に乗り出しますが、あるとき病気になって死んでしまった。ギルガメシュは唯一無二の親友が死んだことを悲しみ、自分もこのように死ぬ運命にあるのか、死というものを何とか克服できないだろうかと思い、城壁からもう一度自然界に出ていくことを決心して、永遠の生命を求める旅に出ます。「必ず死ぬ」という自然の摂理を何とか克服したいと思ったわけです。

旅は苦難の連続で、あらゆる辛酸をなめたあげく、ついにギルガメシュは不老不死の薬草を探し当てます。ところが、ここがおもしろいところで、薬草を手に入れてウルクに帰る途中、ギルガメシュは泉で水浴びをします。そのあいだに蛇が現れて、その薬草を食べてしまった。これは一種の「自然の逆襲」でしょう。

ギルガメシュは結局、不老不死の薬草を手に入れることができず、あきらめて自分の城に帰っていきます。彼は自分の自由意志で不老不死を実現しようと思い、苦難の旅に耐えました。しかし最後は自然に勝てず、やはり自分たちはいつかは死ぬという運命を甘受し、城壁のなかでコツコツと生きていくしかないということを悟り、物語は終わります。このエンディングは、現代の私たちにとってもたいへん示唆に富んでいます。

人類の文明というものは、ギルガメシュがやろうとしたように、人工的な都会をつくり、いろいろな発明品を開発して、それによって自然の脅威から身を守る術《すべ》を発展させてきた歴史だと言えるでしょう。そして今日、私たちは高度な文明社会に暮らす存在となり、ついには、情報技術とバイオテクノロジーを組み合わせて不老不死さえも実現させようとしています（この点については次章でくわしく触れることにします）。

ハラリもまた、不死を探求しようとする人間の営みを「ギルガメシュ・プロジェクト」と名づけています（前掲書下巻、七九ページ～）。そして、このプロジェクトの背景には、科学がすべてを超克できるという人類共通の強い近代的信念があります。この近代的信念も、ハラリの言う「想像上の虚構」であり、それが世界中の政治家や科学者、経営者を突き動かしているのです。

神、言葉、貨幣

ハラリは「人間どうしの大規模な協力は神話に基づいているので、人々の協力の仕方は、その神話を変えること、つまり別の物語を語ることによって、変更可能なのだ」（前掲書上巻、五〇ページ）と言っていますが、これはつまり、人類は生物としての進化的適応の結果として、自然選択を超える速度での適応が可能な能力を持つようになった、そのことで「神話」を巧妙につくり変えられるようになったということを意味します。

先ほど私は神という一つの虚構の話をしました。宗教は人々を結びつけるものです。同じ神のもとに大勢の人たちを統合し、一つの大きな集団をつくる。この集団は、「神のために」という共通の目標を掲げて多種多様なことを成し遂げることができるわけですが、歴史を振り返れば、さまざまな制度が神のような役割を果たしてきました。

宗教と並んで人々を統合する力となったのは「言語」です。はじめは離れた場所にいる人々のあいだでは言葉が通じなかったのが、だんだんと統一されてお互いに話せるようになった。さらに、より重要なのは「書けるようになった」ということです。ハラリはこれを「書記体系の発明」と言っています。

紀元前三五〇〇年と紀元前三〇〇〇年の間に、名も知れぬシュメール人の天才が、脳の外で情報を保存して処理するシステムを発明した。……これによってシュメール人は社会秩序を人間の脳の制約から解き放ち、都市や王国や帝国の出現への道を開いた。シュメール人が発明したこのデータ処理システムは「書記」と呼ばれる。（前掲書上巻、一五八ページ）

書記とは「記号を使って情報を保存する方法」（同前）です。記号すなわち文字にして記すということは、いろいろな技術や情報が蓄積されるということです。口頭で話す言葉だけではなく、書き文字というものができたことで、人類の経験を書いて記録し、後世の人たちに伝えることができるようになった。それにより、知識が蓄積されると同時に、時代を超えてより多くの人たちが共通の価値観のもとで動けるようになり、より大きなまとまりを形づくることができるようになったのです。

宗教、言語に加えて、ハラリは人類史におけるきわめて強力な虚構は「貨幣」だと指摘します。貨幣が虚構であるとは、どういうことでしょうか？

彼によれば、交易を行った確かな証拠がある人類種はホモ・サピエンスだけであったようです。見知らぬ者同士のあいだに信頼関係を築けないと交易は行われません。交易は長らく物々交換で行われてきました（ただし最近では、物々交換は貨幣経済を経験した人たちが何らかの理由で貨幣不足になったときにしか行われていないという説も有力になっている）。しかし約一万二〇〇〇年前に、認知革命と並んで人類の歴史を方向づけた革命である「農業革命」が起きた頃から、変化へのスタートが切られました。農耕が始まったことで、狩猟採集に比べて単純に単位面積当たりの収穫量が増え、ホモ・サピエンスの人口は爆発的に増えていくことになります。人口が増えるとホモ・サピエンスは、先述した言語の力を用いて大きな都市を形成するようになり、社会は加速度的に複雑になっていきました。

そうなってくると、物々交換に限界が生じてくる。交換したい物の数と種類が多すぎるのです。そこで生み出されたのが貨幣です。

もともと、貨幣の最初の形態が生み出されたとき、人々はこの種の信頼（虚構に基づいた信頼関係）を持っていなかったので、本質的な価値を本当に持っているものを「貨幣」とせざるをえなかった。歴史上、知られている最初の貨幣であるシュメール人の「大麦貨幣」は、その好例だ。（前掲書上巻、二二四ページ）

しかし大麦だと保存と運搬に不便なため、本質的な価値はないけれど保存・運搬に便利なものがこれを代替するようになります。銀や金です。これが硬貨の原型となり、世界の市場を媒介する共通の制度となっていきました。そして、今日においては、金や銀の裏づけすらないドルや、ユーロ、円などが世界の貿易を飛躍的に拡大する役目を果たしています。貨幣そのものに本質的な価値がないのに、世界中がこれらの貨幣を使っている。これは貨幣がまさしく壮大な虚構であることを示しています。ハラリが「これまで考案されたもののうちで、貨幣は最も普遍的で、最も効率的な相互信頼の制度」（同前）と言うのは、そのような意味においてなのです。AI資本主義の時代においては、国家が関与しないビットコインなどの「仮想通貨」がさらに幅を利かす新たな虚構の時代になるのでしょうか。

人類は科学革命で「無知」に気づいた

「認知革命」「農業革命」に次いで、人類の歴史における三つ目の主要な革命として登場したのが、およそ五〇〇年前に起こった「科学革命」です。

ハラリによれば、人類は認知革命以降、自然に関するあらゆることを理解しようと努めてはきましたが、近代科学は、それまでの理解の仕方と決定的に異なるといいます（前掲書下巻、五八～五九ページ）。それは、人間が「進んで無知を認める意志」を持つようになったという点です。近代以前の西洋においては、すべては神が創造されたという考えのもと、嵐が来ても、地震が起きても、旱魃《かんばつ》になっても、ただただ神様に祈るだけでした。その後、ルネサンスを経て、人間は神の呪縛から解かれ、自分たちの力で自然の謎を解き明かそうとする意識を持つに至ったというわけです。

しかし、この時になって、人間は自然について実はほとんど知らないことに気がついた。「無知の発見」です。

> 科学革命はこれまで、知識の革命ではなかった。何よりも、無知の革命だった。科学革命の発端は、人類は自らにとって最も重要な疑問の数々の答えを知らないという、重大な発見だった。（前掲書下巻、五九ページ）

ハラリは、「無知の発見」という特徴こそがヨーロッパの帝国主義と結びついたと指摘します。たとえば、アメリカ大陸の「発見」こそが科学革命を基礎づけたことが論じられますが、それは、新大陸の自然から文化、歴史に至るまで、ヨーロッパ人が新大陸について全く無知であることに気づいたからです。

これ〔アメリカ大陸の発見〕以降、ヨーロッパでは地理学者だけでなく、他のほぼすべての分野の学者が、後から埋めるべき余白を残した地図を描き始めた。自らの理論は完全ではなく、自分たちの知らない重要なことがあると認め始めたのだ。（前掲書下巻、一〇六ページ）

ハラリによれば、ヨーロッパは「獲得した新しい知識によって世界を制するという願望を持っていた」（前掲書下巻、一〇〇ページ）。こうして近代科学とヨーロッパの帝国主義のあいだに強い絆が生じました。未知の世界があることを認めて新しい知識を獲得する科学的精神は、帝国主義のイデオロギーを正当化する要因にもなったのです。

科学革命から資本主義へ

では、科学の推進と帝国の建設にともに必要なものは何か。それはお金です。ここから資本主義が発展しました。

　科学革命により、無知な私たちでも努力さえすれば新たな知識を獲得できるという「進歩」の考え方が登場しました。無知を認めて研究に投資すれば現状を改善できる。この考え方は経済にも取り入れられたのです。

　かつては、新しいパン屋を開店すれば隣のパン屋は潰れると考えられていた。しかし、進歩という概念が浸透するにつれ、人々の考え方も変わってきたのです。


　たとえばチョコレートケーキとクロワッサン専門の新しいベーカリーを開いたとしても、パン専門のベーカリーを倒産に追い込むことはなかった。誰もが好みが増えて、前よりもっと多く食べるようになるだけだ。一人が豊かになるからといって、誰かが貧しくなるわけではない。他人を飢え死にさせなくても、人は太ることができる。グローバルなパイ全体が拡大可能なのだ。（前掲書下巻、一三四ページ）

　こうして財の生産はどんどん増えていき、余った利益は「富」として蓄えるのではなく、「資本」として投資され、さらなるパイの拡大を目指す資本主義が発展するようになりました。

神や宗教が想像上の虚構であったように、科学革命もまた、人間がつくった想像上の虚構です。あらゆることは科学的に分析されるべきであり、科学的に説明できないものは真実ではない。そう決めたのは人間です。この科学主義と、それと並行する人間中心主義がうまく手を組んでさまざまなイノベーションを生み出し、今日の資本主義世界をつくりあげていったのです。

予定説と資本主義

現代において最も強力な想像上の虚構は何か。それは「資本主義」です。資本主義にも何か実体があるわけではありません。それは想像上の概念としてつくりあげられたものですが、現代に生きる私たちは当たり前のようにそれを信じ、その考えに則って日常生活を送るのが当然だという状態になっています。

たとえば、読者がどこかの会社に勤めているとして、ある投資案件についてその是非を決めるための会議に出席したとしましょう。そこで、おそらく、すべての出席者が気にするのは、議案に出された投資案件が十分な利益を生み出すかどうかということでしょう。

「投下資本に対するリターンを最大化する」という「資本の論理」こそ、現代人のほとんどが信じている虚構だからです。この考え方に反対する発言をした人が疎んじられることはほぼ間違いないでしょう。現代においては、「資本の論理」はそれくらい強力な「虚構」なのです。それに対して、神が支配する中世社会においてなら、「神の教えに沿っている」ことが最も重要な判断基準であっただろうことは言うまでもありません。

以下、私なりに資本主義成立の背景をまとめてみます。

中世までの人間にとって、何よりも重要な存在は神でした。たとえば何か大きな事件が起きたとして、それは「神の思《おぼ》し召し」なのだから、人間がそこに介入して何かを変えようとしてはいけない、それに従順に従って生活しなければならない、そんな考えを彼らは持っていた。人間が神の束縛のもとにあったとも言えますが、言葉を換えれば、このとき人間は神のもとに団結していたのです。

この団結を維持するために機能したのが教会です。カトリックという組織のもとにみなが団結した。経済的な意味での生産性が低い段階においては、何らかの形で集団的な統制を取らないかぎり、人間はバラバラになって秩序が乱れてしまう。カトリックという存在が、人間社会の秩序を守るという意味で非常に大きな役割を果たしたことは間違いありません。

しかし近代に入り、徐々に生産性が上がってくると、人間はカトリックの教会組織から離れてもやっていけるのではないか、と思うようになりました。そこにルターの宗教改革が起こったわけです。ルターは人間を神から解放しようとまでは言っていませんが、カトリック教会という人間的な権力、神の力を活用した人間支配の組織に対して異を唱えました。聖書というものがあるのだから、教会よりも聖書に真摯に向き合い、その教えに従って自分たちは生きればいいと唱えたわけです。

このルターや、そのあとに出てきたカルヴァンの主張した聖書の読み方というものが、その後の資本主義の成立の一因になったと言われています。マックス・ウェーバーが『プロテスタンティズムの倫理と資本主義の精神』という有名な本で論じた、「予定説」がそれに当たります。予定説とは、あなたが将来、神の国に行けるのか、それとも地獄に留まらなければいけない人間なのかは、あなたの努力とは無関係にあらかじめ神によって決められているとする教えです。

不思議なのは、そうであるがゆえに人間は必死になって働くというところです。ここは日本人には理解するのが難しいところで、運命があらかじめ決まっているのなら働いても仕方がないではないか、とつい思ってしまうわけですが、そうではないというのです。

これはつまり、もし神が私を将来、神の国に入るべき人間として予定しているのならば、自分は行いが正しく、勤勉で、誠実な人間であるはずだ。だから自分はそのような人間として生きるのだ、という論理展開から生じるのです。何だか原因と結果が逆転しているようですが、ともかくそういうわけで、人は自分の職業を神から与えられた天職（ベルーフ）と見なし、文句など言わないで、朝から晩まで必死になって働く。これが資本主義的な勤労の精神を生み出したというわけです。

科学革命の背景

こうしたプロテスタンティズムの精神が定着するのと並行して、西洋近代哲学が誕生し、神という呪縛から人間を解き放つためのさまざまな理論が登場しました。しかし、西洋近代哲学の祖と言われるデカルトやフランシス・ベーコンあたりでは、まだ神が存在することは自明であるとされている。そのうえで人間には何ができるかということが議論されました。

デカルトの主著『方法序説』もそうした立場で書かれています。しかし、彼はそこで一つの重要な見方を提示しました。それは自分と外部、あるいは主体と客体を分けるという見方です。「われ思う、ゆえにわれ在り」の「われ」とは、自然環境を含め自分の周りに存在するものを自分とは別ものと捉え、それを「客体」（外部）と認識する「主体」のことです。主体は客体に働きかけ、客体を分析したり、変えたりすることができる。デカルトは、そうした〝人間中心の思想〟を説いたのです。

それまでは、自然も人間もみな神様が創造されたものだから、人間がそれに手を加えたり、要素に還元してその成り立ちを分析したりすることは禁忌とされてきました。しかしデカルトの時代になると、自然は自分にとっての外部であるという認識が生まれ、その外部を分析して人間に役立つよう利用すればよいという考え方が強く打ち出されたのです。このような思想は、デカルトの「機械論的自然観」やフランシス・ベーコンの「自然征服論」として知られています。そこから、人間は神という軛《くびき》から解き放たれ、西洋近代というものが形づくられていったのです。ハラリが指摘した科学革命もまた、このプロセスのなかで生じたと言っていいでしょう。

「自然」と「人間社会」の相互干渉モデル

さて、ハラリの議論をふまえると、人類史というものを次のようなモデルで説明できるのではないかと私は考えています。それは、「自然の因果法則が支配する世界」と、「想像上の虚構（神話）によって創られた人間社会」の相互干渉というモデルです。

文明が未発達の時代は、人間社会は自然に翻弄されるままでした。人間は自然の影響を直接に受け、そこから逃れることはできなかった。特にネアンデルタール人の時代までは、人類は森のなかやサバンナ、砂漠などを小さな集団で動き回るだけの存在でしたから、自然の意のままに翻弄され、凶暴な動物に襲われることも防げない、たいへん厳しい世界に住んでいたのです。人間は、自然の脅威と闘いながら、あちこちに散在する孤立した小さなコミュニティに身をひそめていた。自然の力に比べると、人間はあまりにも非力でした。

そこから人間は、宗教、言葉、貨幣といった虚構をつくり、それらを共有することで、だんだんと集団の力を大きくし、自然と対抗できる力を身につけていった（図1の上半分）。こうして、人間は徐々に文明を築きあげ、やがて人間社会が自然を凌駕するようになっていった（図1の下半分）。こうした文明が世界のあちこちに分散しつつ誕生しました。農耕が始まり、やがて、エジプト文明、メソポタミア文明、インダス文明、黄河文明の四大文明が誕生したことはご存じのとおりです。

虚構が人々を結びつける力は強力で、キリスト教の信者数は現在では二〇億人以上、イスラム教徒の数は一五億と言われています。あるいは、ドルのように世界の半分以上の国

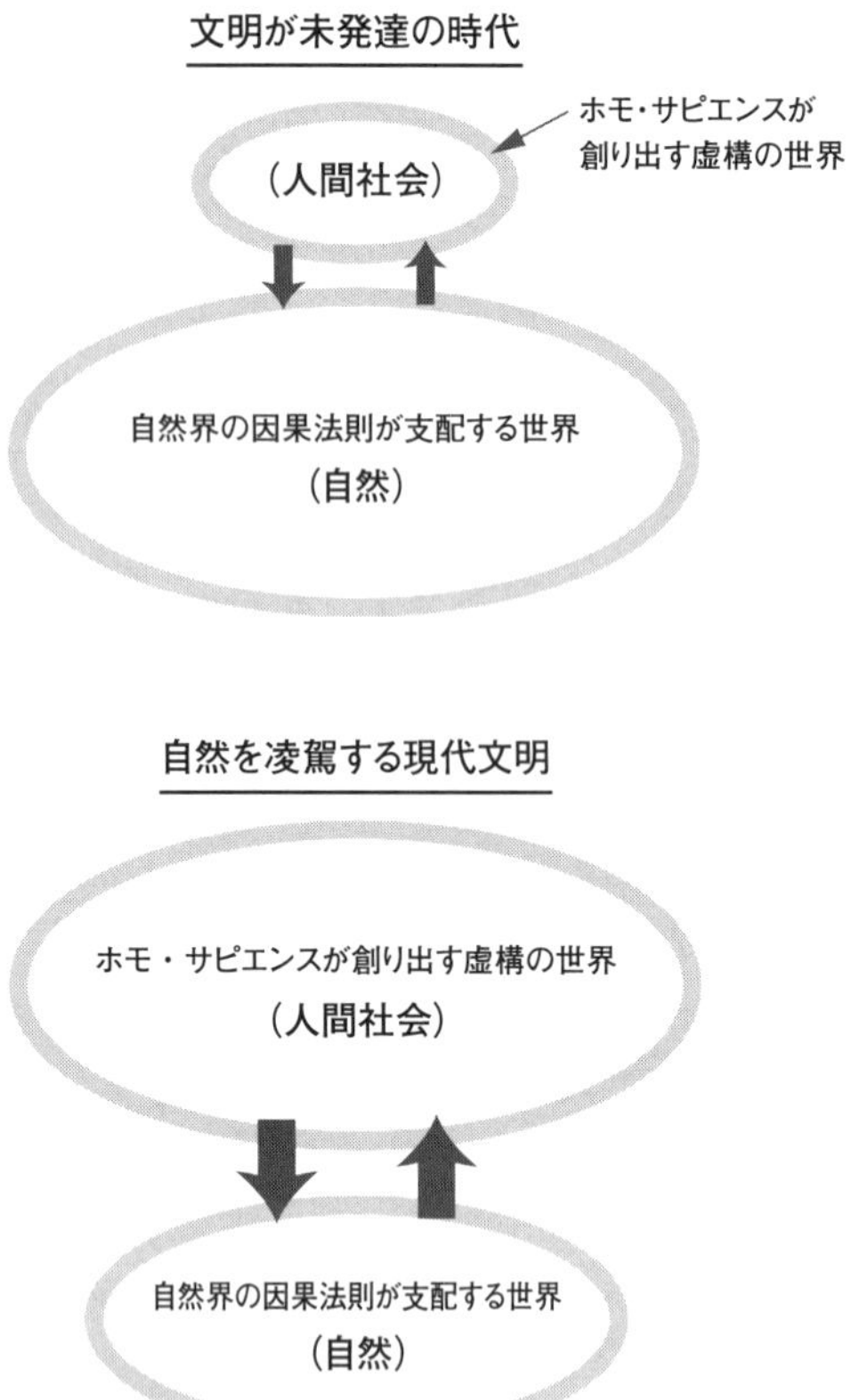

図1　歴史とは「自然」と「人間社会」の相互干渉の記録である

で通用する貨幣という虚構もある。こうして、各地に分散していた文明が統一されて、グローバルな人間社会ができあがった。先に述べたように、人類史とは統合（グローバリゼーション）に向かうプロセスだと言ってもいいでしょう。

ホモ・サピエンスは、生物としての進化的適応を通じて、自然選択を超える速度で自然に相対することができるようになった。すなわち、自然にコントロールされていた人間が、今度は逆に自然をコントロールする立場に立った。これはホモ・サピエンス史を概観するときの最も基本的な見方になるのではないでしょうか。

そういう視点で現代社会を見ると、人間はたしかに多くの局面で自然の脅威から自由になったように見える。たとえば、疫病《しっぺい》で亡くなる人はペニシリンなどの抗生物質の発明で劇的に減少し、一九〇〇年頃には三〇歳ほどだった平均寿命は、現在では、国によっては八〇歳を超えるようになった。かつては不治の病と言われたガンの治療薬も急速に開発されつつありますし、農業においても、肥料や農薬の進歩、遺伝子組み換えなどで飛躍的に生産性が上がりました。

このように人間は、自然に拮抗するような力を加速度的につくりあげてきました。もちろん自然の力はゼロになったわけではなく、人間社会はまだまだその影響を受けているわけですが、その大きさは相対的に小さくなりました。そして、やがて人間は自然を完全に支配できるようになる――。

少なくとも、つい最近まで、人間はそう信じていました。しかし、現実はそんなに甘くはなかった。第二章や第四章でくわしく見ていきますが、人間の高度な文明が自然を征服したという歴史観は、実はいま、根本的な見直しと検証を求められているように思われるからです。

ハラリの問題提起

ハラリ自身、虚構を通じて進化を遂げた人類文明の壮大な成功物語を語ったあと、『サピエンス全史』の最後で、そんな人間社会の行く末に疑問を投げかけています。

ハラリが言おうとしているのは、科学万能主義とヒューマニズム（人間中心主義）が結びついて自然の影響をミニマイズすることに成功したように見えるが、人間は自然を克服することに成功したと言えるのか、本当にその先に不安はないのか、ということです。これは、環境問題や異常気象などに関して、あるいはクローン人間の誕生や人工知能が人間を凌駕するシンギュラリティ到来の可能性などをめぐって、私たち現代人が等しく抱いている不安そのものでしょう。
ハラリによれば、これまではどれだけ科学が発展しようと、人間は自らの生物学的限界は超えられないということが前提でした。

だが二一世紀の幕が開いた今、これはもはや真実ではない。ホモ・サピエンスはそうした限界を超えつつある。ホモ・サピエンスは、自然選択の法則を打ち破り始めており、知的設計の法則をその後釜に据えようとしているのだ。（前掲書下巻、二四一ページ）

具体的には、生物工学、サイボーグ工学、非有機的生命工学が、人間の生物学的限界を突破しつつあることが挙げられます。遺伝子工学によってもともとの性質を改変された植物や動物はすでに多く存在します。それがいつ人間に応用されないともかぎらないでしょう。機械と人間を組み合わせることで人間の能力を拡張する研究もさかんに行われており、その究極は、人間の脳とコンピューターを直接結ぶインターフェイスの発明だといいます。さらに、完全に非有機的な生命――たとえばコンピューターウィルス――も、実は生命の法則を揺さぶる存在です。人間がつくり出したものでありながら、人間の意志を超えて増殖するわけですから。

ハラリは、こうした研究はすべて「人間の幸福のために」行われているのだと指摘します。

なぜゲノムを研究するのか、あるいはなぜ脳をコンピューターとつなごうとするのか、コンピューターの内部に心を生み出そうとするのかと、科学者に訊いてみるといい。十中八九、同じ紋切り型の答えが返ってくるだろう。私たちは病気を治療し、人命を救うためにやっているのだ、と。……なぜなら、それに異論を挟める人はいないからだ。だからこそ、ギルガメシュ・プロジェクトは科学の大黒柱なのだ。（前掲書下巻、二六三ページ）

不老不死を願い、ついにギルガメシュ以来の夢の実現に手をかけた人類。私たちはこれからどこへ行くのか。本当にそれでよいのか。それがハラリの問題提起です。

トランプ現象の背景

ハラリの問題提起は生命の領域にかぎらず、資本主義経済にも当てはまります。たしかに人類は着実に「統合」に向かい、グローバル資本主義は、世界経済の発展にきわめて大きな力を発揮しています。「資本の論理」という虚構は巨大な分業体制を確立させ、世界中が巨大なネットワークに組み込まれ、それが資本主義経済の発展を支えています。

しかし、他方ではグローバリゼーションの矛盾が露呈し、人々はさまざまな形で不安をおぼえています。たとえば先述した環境汚染の問題や異常気象のほかにも、貧困問題、格差問題。そして近年では、トランプ現象やイギリスのEU離脱などの反グローバル主義、あるいはヨーロッパに顕著なポピュリズムの問題などです。これらは、グローバリゼーションの副作用です。

二〇一一年に刊行された『サピエンス全史』では、その後に起きたトランプ現象については触れられていません。ここでトランプ現象の背景についての私の考えを述べておきましょう。

自由貿易が最初に推進されたのは、一九世紀半ばのイギリスにおいてでした。産業革命を成功させたイギリスは、工業製品について圧倒的な競争力を身につけました。それ以前は、穀物保護法のもとで穀物の輸入に対して高い関税をかけるなどの保護主義的な政策をとっていましたが、工業力では圧倒的なパワーを持ったと自覚した途端、自由貿易を掲げて世界にその製品を売り出そうとしたのです。自由貿易は世界経済にとって不可欠だというアダム・スミス以来の経済理論を掲げて、イギリスは自ら自由貿易の旗振り役になったわけです。このように、自由貿易を推進するのは決まって圧倒的な競争力を持つ「世界の覇権国」であることには注意が必要です。

植民地や途上国などが提供した安価な原材料を使って、イギリスは工業製品を世界に販売していきました。自由貿易のメリットは、付加価値の高い商品を輸出できる工業国にあったわけです。輸出価格指数と輸入価格指数の比率を経済学では「交易条件」と言いますが、当時のイギリス人は非常に有利な交易条件で貿易を推進していたことになります。

しかし第二次世界大戦後になると、世界の覇権国はイギリスからアメリカへと変わります。そして、戦後の自由貿易体制を強力に推進したのは、新たな盟主、アメリカでした。自由貿易を推進するのは「世界の覇権国」だという仮説は当たっているようです。しかし、一九七〇年頃になると、ドイツや日本が製造業の分野でアメリカを激しく追いあげます。

くわしい話は省略しますが、結局、アメリカは競争力を維持するため、一九八五年のプラザ合意で、大幅なドルの切り下げを実現しました。対円でいえば、一ドル二四〇円から一九八七年末には一ドル一二〇円まで切り下げられました。

同時に、工業生産の主力も徐々に先進国から途上国へと移っていきました。かつては原材料を買い叩かれ、貧困にあえいでいた途上国は、ここから少しずつその地位を上げていきます。かつての途上国が工業生産力を飛躍的に高めた結果です。ソ連の崩壊以後は、中国がグローバル経済に参入し、世界ナンバーツーの経済大国にのしあがってきました。アメリカはいまや、第二次大戦直後のような圧倒的な覇権国ではなくなったのです。

自由貿易は「覇権国」が推進するものという私たちの仮説に従えば、アメリカはもはや自由貿易を推進する立場にはないということになります。実際、アメリカの労働者たちは、途上国の安い賃金で働く人たちとの厳しい競争にさらされて、雇用を失うなど、貧困化が著しい状況です。自分たちを途上国との競争にさらすグローバリズムはもう勘弁してほしいというのが、今日のアメリカの労働者の本音でしょう。彼らはグローバリズムの恩恵ではなく、その負の影響をもろに受けている。だからこそグローバリズムに反旗を翻し、保護主義を唱えるトランプを大統領に選んだのです。

ビル・ゲイツやマーク・ザッカーバーグに象徴されるような、グローバルビジネスで巨額の収益をあげ、世界支配をも可能にするような巨大なＩＴ企業が何社かある一方、中国やメキシコとの賃金競争に苦しむ労働者が多数、存在している。ここに現在のアメリカのねじれた状況があります。両者のあいだにあまりにも大きな断層ができてしまったことが、トランプ大統領のアメリカ・ファースト、反グローバリズムの背景にあるということです。

米中経済戦争、始まる

アメリカでトランプ大統領が誕生し、保護主義的な主張が打ち出されることになる直前の二〇一七年一月一七日、中国の習近平国家主席は、世界経済フォーラム（ＷＥＦ）年次総会（ダボス会議）で講演を行い、グローバル化や自由貿易の重要性を強調しました。世界は「ついに中国が自由貿易を推進する役回りになった」と半信半疑ながら驚きを隠さなかった。私自身もこのときはさすがに仰天したことを鮮明に覚えています。

その後、最近に至るまで、トランプ大統領が保護主義的な言動を続ける一方で、中国の習近平国家主席は、自由貿易体制の守護者のような行動を続けています。世界の経済構造は大きく動き始めたと言えるでしょう。

かといって、中国が本来の意味で自由貿易体制の推進者になるとは思えません。何といっても、中国は依然として社会主義国家であり、共産党が統治する独裁国家だからです。おそらく、中国はアメリカの保護主義的スタンスが当分続くと見て、工業製品の自給自足体制を進めようとしているのではないかと思います。これまでアメリカに頼っていた高度な半導体製品なども、自前でつくれるようにするということです。世界経済における米中両国の激しい主導権争いが始まっています。アメリカが保護主義に走っているかぎり、中国は自由貿易を支持するというスタンスで国際世論を味方につけることができる。これが中国首脳の考え方です。

虚構は基本的に不安定

話を戻しましょう。もう一点、自然の影響から自由になった人間社会の問題として指摘したいのは、虚構によって発展した人間社会は、本質的にきわめて不安定で、下手をすると暴走する可能性があるということです。

たとえば、人間がつくりあげた虚構である貨幣は、基本的に不安定なものです。貨幣そのものには実体的な価値はなく、あくまで、人々が「一万円札には一万円の購買力がある」

と互いに信じ合っているからこそ貨幣としての役割を果たせるのです。多くの人が将来、貨幣の購買力が低下すると見なしたなら、人々は貨幣を商品に変えようとするでしょう。そうすれば、インフレが高進します。株や土地の価格が上がると見れば、人々は貨幣を手放して、株や土地を買いに走るでしょう。そうすると、バブルになる。もちろん、逆の可能性も常に存在します。デフレが続くとなると人々は貨幣保有を高めようとする。そうすると商品が売れなくなって恐慌になったりする。バブル崩壊についても同様です。つまり、貨幣経済は人々の期待に依存するため、本来的に不安定なものなのです。

反対に、自然の因果法則は確固として揺るぎようがない。水は必ず高いところから低いところに流れる。命には必ず終わりがくる。自然にはそうした絶対に動かせない因果法則が散りばめられていて、ときに残酷な一面も見せますが、全体としてはきわめて安定しているのです。少なくとも、貨幣経済のように、人々の不安定な期待に左右されることなどはない。厳然たる物理法則のもとに動いているということです。

このように、厳然たる物理法則に従う自然界に対して、人間社会は、資本主義が発達する一方で共産主義が生まれるなど、次々と虚構がつくられていく。したがって、多様で不安定です。

複数の虚構が対立すると、戦争に至ります。人間はその歴史において何度も戦争をやってきた。特に二〇世紀は、大量の殺戮《さつりく》が行われた二つの大戦を経験しました。これが合理的な人間のやることかと誰もが思うわけですが、それでも戦争を回避することはかなわなかった。

繰り返しますが、人類文明を発展させたのはたしかに想像上の虚構です。しかし、その虚構自体は不安定なものです。それは基本的に多様で、唯一の安定的なものではありません。

金融という不安定な虚構

第二次世界大戦が終わったとき、戦勝国であるアメリカは世界のGNPの半分以上を稼ぐ経済大国でした。その後、共産主義と対峙するため、ドイツや日本など、敗戦国経済を立て直す必要が生じ、アメリカはドイツと日本を全面的にサポートします。これによって、両国は復興を遂げ、八〇年代には両国が世界の二大製造業大国になりました。

これに驚いたアメリカは、通貨調整に動きます。先に述べたプラザ合意です。巨額の貿易赤字にあえいでいた当時のアメリカは、これによって貿易収支の不均衡を是正しようとしたのです。しかし、この通貨調整の結果一ドル一二〇円の円高に直面したにもかかわらず、日本の製造業は潰れない。さらに言えば、日本の貿易収支は何とか黒字を保っていた。製造業は依然として日本のほうが強かったわけです。アメリカからすれば、ここまでドル安に誘導したのに競争に勝てなかったことになります。

ここでアメリカは腹を括りました。これからはグローバル金融だ、という方向に国家戦略の舵を切ったのです。ＩＴや金融工学の発達を追い風に、資本の流動性を飛躍的に高めるグローバルシステムの構築を急いだ。アメリカはドイツや日本などに対して徹底的に構造改革を推進させ、金融の自由化を進めました。日本でも大々的な金融界の再編などを経て、九〇年代半ばくらいにはグローバル金融資本主義というものが確立したと言ってよいでしょう。

資本が国境を越えて自由に移動できるというグローバル金融の体制は、世界経済の発展に寄与するはずでした。理屈のうえでは、最も収益率が高いところに資本を自由に移動できるので、世界経済全体の生産性は向上するはずだからです。しかし、その裏側にあったのはやはり不安定性でした。投資家の期待の変化に応じて、大量の資本が流出してしまうと、経済規模が小さい国の場合には、それだけで破綻してしまうこともある。こうしたグローバル金融資本主義の不安定性が最も先鋭的な形で現れたのがリーマン・ショックであったことは言うまでもありません。

「新たな虚構」としてのＡＩ資本主義

本章のここまでの記述をまとめましょう。

虚構に基づいて発展してきた人間社会は、ある部分ではたしかに自然を征服することに成功した。しかし、それにともなって、重大な課題も出てきました。

第一に、本当に人間は自然を征服できたのかという問題です。たしかに、疫病は昔のように猛威を振るうことはなくなった。平均寿命が飛躍的に伸び、多くの人々の生活水準も大きく向上した。しかし、一方では、温暖化が進み、異常気象も常態化しています。また、人間が創り出した世界が新たな不確実性や不安定性を生み出しています。

第二に、ＡＩと生命科学の融合が、文明を大きく変えようとしています。シンギュラリティやサイボーグ化の問題など、科学の進歩がホモ・サピエンスの存在を脅かしているという根源的な問題も登場しました。不老不死の薬草を手に入れたと思った瞬間、それを蛇に食べられてしまったギルガメシュのように、人間が自然を克服したと思っても、どこかで「自然の逆襲」に見舞われるかもしれないということです。

第三に、グローバル金融資本主義が持つ不安定性や格差拡大の課題については、まだ解決の目途がついていません。

一言で言えば、既存の虚構の不安定性が露呈した現在、私たちには新しい「時代に適合した虚構」が必要だということです。

そこで登場するのが「ＡＩ資本主義」です。ＡＩが資本主義の動きを大きく左右するようになる。いや、それは私たちがすでに実感しているとおりです。私たちの日常生活は何重にも張りめぐらされた情報連鎖のなかに組み入れられ、私たちを取り巻く情報ネットワークと無関係に自由に意志決定することも容易ではありません。

こんなことを書くと、「いや、そんなことはない。自分は自由意志で毎日の行動を決めている」と反論する人も多いでしょう。しかし、私たちはＡＩスピーカーに今日の天気を尋ね、アマゾンが告げてくれる次に読むべき本のレコメンデーションを待っています。パソコンを開けると、自分が最近検索した内容に関連するさまざまな情報が次々に現れてきて、知らないうちにそのなかからどれを選ぶかを考えていることに気がつくでしょう。どこかのレストランに入ると、スマホが「あなたはいま、××にいますね？　あなたの評価はどうですか？」と聞いてくる。私たちはいまやほぼ完全に情報ネットワークの一部となり、自分の自由意志でやっていることも、実は誘導されてやっていることが多いことに気づかされるのです。

ということになると、新たな虚構の最有力候補は「AI資本主義」のように思われます。ただしハラリは、データが人間の思考や自由意志を奪う「データイズム」の到来を予想しています。データイズムが人間を支配するようになると、これまで虚構によって文明を発展させてきたホモ・サピエンスは消滅し、代わりにポスト・ヒューマンが誕生するというホラー・ストーリーです。ポスト・ヒューマンの世界が到来すれば、これまで議論してきた「想像上の虚構に基づく文明」という考え方自体が無効になってしまいます。したがって、私たちの言うAI資本主義は、データイズムに向かう途上にある制度ということになる。そうだとすれば、問題は、AI資本主義はデータイズムの到来を阻止できるか、あるいは、データイズムをコントロールできるか否か、ということになるでしょう。

いささか先走りましたが、次章ではまず、ハラリの言うデータイズムについてくわしく見ていきたいと思います。

第二章　データイズムの罠

――『ホモ・デウス』から「ＡＩ資本主義の未来」を考える

ヒューマニズムからデータイズムへ

『サピエンス全史』の最後でハラリは、不老不死を願いながら科学を発展させてきた人類はこれからどこへ向かうのか、という問いを投げかけました。その問いに答える形で未来予測を語ったのが『ホモ・デウス』です。

この本は、ベストセラー『サピエンス全史』の続編ということで大きな話題を呼び、前作同様の巧みな語り口と、ホラー・ストーリー的な未来予想図が世界中の読者に衝撃を与えました。ハラリはここで、私たちはヒューマニズムという〝虚構〟によって近代世界を創りあげてきたが、いまやヒューマニズムを推進することによって、結果的にヒューマニズムが死んでしまうという逆説を提示したのです。

どういうことか。ヒューマニズムすなわち人間中心主義は科学革命を推進し、その結果、ホモ・サピエンスは不老不死を目指そうとしている。不老不死が実現したとして、おそらくそれは人間のサイボーグ化を意味するでしょう。不老不死、もしくは、サイボーグになった人間はもはや私たちがいま認識している人間とは異なる存在となるでしょう。

なぜなら、私の理解では、人間が芸術にのめり込むのは、「ヒトは必ず死ぬ」という生物学的に不可避な不条理があるからです。「もののあわれ」に心を動かされるのは、桜の花が散るように、人の命も有限だからです。「死」という人間にとって決して避けることができない運命に直面して、人間はどうしたらこの不条理を忘れることができるかというと、それは芸術にのめり込んだり、賭け事に熱中したりするなど、「気晴らし」をすることだと、パスカルは『パンセ』のなかで言っています。

しかし、人間が死を免れることができたら、「もののあわれ」は消滅してしまうかもしれないし、人が自分の存在に意味を見出すべく励む芸術活動にはもはや意味がなくなるでしょう。いずれにせよ、不老不死が実現し人間がサイボーグ化すると、人間が生きていく意味自体も劇的に変わることになる。そもそも、サイボーグ化した死なない人間とは、もはや人間とは呼べないのかもしれません。もちろん、私たちが「人間」の定義をどう定めるかにもよりますが。

それと同時に、ハラリは、AIとバイオテクノロジーが融合し、すべてがアルゴリズムで決定できるようになると予測しています。アルゴリズムとは、問題が解決に至るための手順や方法のこと。ハラリの説明を引けば、「計算をし、問題を解決し、決定に至るために利用できる、一連の秩序だったステップ」(『ホモ・デウス』上巻、柴田裕之訳、一〇七ページ)となります。

つまり、すべての意志決定をアルゴリズムに任せてしまったほうが快適だし、正しい答えが導き出される確率も飛躍的に上がるというわけです。そうだとしたら、人間の自由意志は不要になってしまうでしょう。そこからハラリは、自由意志ではなく、データの集積とその解析結果が重視される「データイズム」がヒューマニズムに取って代わると結論しているのです。

こうなると、理性に基づく個人の自由意志こそが社会の根幹だとする西洋啓蒙思想はどこかへ吹っ飛んでいかないでしょうか。私たちは、それを少しずつ、でも確実に放棄している。ＡＩが提供する膨大なデータと分析力に頼るほうがはるかに楽だからです。

果たして、この未来予測は妥当なのか？　データイズムという考え方に問題はないのか？　データイズムを乗り越え、別のかたちの未来を模索することは不可能なのか？

本章では、前半でハラリの未来予測をくわしく紹介し、後半でデータイズムの問題点を検討していきます。キーワードは「データイズムの罠」です。

ギルガメシュ・プロジェクト再び

ハラリによれば、人類の歴史には三つの大きな課題がありました。飢饉、疫病、戦争です。しかし二一世紀のいま、それらは克服不能な悲劇ではありません。飢饉は依然としてなくなってはいないものの、克服可能だと考えられています。天然痘《てんねんとう》は根絶され、第二次世界大戦以降は世界のあちこちで大量の死者が出るような大規模な戦争は行われてはいません。もちろん、いまでも世界各地で紛争があり、新たな感染症は生まれ、食糧危機に陥る国もあります。しかしそれらは、人間の不断の努力によって対処可能な課題になった。
そのうえでハラリはこう問題提起します。

とはいえ、私たちの偉大な業績の真価を理解すると、別のメッセージも伝わってくる。すなわち、歴史は空白を許さないということだ。飢饉や疫病や戦争が減ってきているとしたら、人類が取り組むべきことのリストで、何かが必ずそれらに取って代わるだろう。それがいったい何になるのか、入念に考えてみる必要がある。そうしないと、旧来の戦場で完勝しても、まったく新しい戦線に立たされて面食らうことになるだろう。それでは二一世紀に、人類の課題リストの上位では、いったいどのようなプロジェクトが飢饉と疫病と戦争の対策と入れ替わるのだろうか？（前掲書上巻、三一ページ）

ハラリは環境問題を念頭に置いて、リストの一つは人類と地球を守ることになるだろうと言います。しかし、それだけで人類は満足するかというと、そうはならないだろうというのがハラリの予測です。

前例のない水準の繁栄と健康と平和を確保した人類は、過去の記録や現在の価値観を考えると、次に不死と幸福と神性を標的とする可能性が高い。飢餓と疾病と暴力による死を減らすことができたので、今度は老化と死そのものさえ克服することに狙いを定めるだろう。（前掲書上巻、三二ページ）

つまり、前章で紹介した「ギルガメシュ・プロジェクト」がここで頭をもたげてくるのです。飢饉、疫病、戦争が克服されつつある現在、人間は不老不死の実現、すなわち神の領域に介入しようとする。ハラリの言を借りれば、ホモ・サピエンスは「ホモ・デウス」にアップグレードすることを目指すのです。「デウス」とは神の意、まさしく「神としての人間」です。

技術革新は「身体内部」に向かう

ハラリは、近代的発展の基礎となったヒューマニズムが揺らいでいるという現状認識のもと、未来予測を行っています。ポイントを四つ紹介しましょう。

一つ目は、二一世紀の技術革新の主流が人間自身の「身体の外部」から「身体の内部」に向かうという予測です。

二つ目は、人間が自身の意志決定を「データ」(AI)に委ねるようになるということ。

三つ目は、「データイズム」が人間中心主義を消滅させるという予測です。

四つ目は、「無用の民」が新たなカーストとして出現するということです。

まずは、一つ目のポイントから見ていきます。

二〇世紀までの技術革新は主として、人間の体の外で起きました。速く歩けないから自動車をつくり、空を飛べないから飛行機をつくり、計算に時間がかかるからコンピューターをつくってきた。自分の体の外にさまざまな装置(人工物)を開発することによって、人間は自分たちの生活をより便利に、快適にしてきました。いまはそうした装置とともに生活することがあまりにも当たり前になったため、装置なしではもはや人間は生きられないという状態にもなっています。同時に、人間はこれら人工物を開発し配置することによって、他の生物に比べて圧倒的な力を手にし、地球の覇者となったのです。

しかし、二一世紀の技術革新は一歩進んで「人間の身体の内部」の改造に向かっていると言えるでしょう。ＡＩやバイオテクノロジー、ゲノム編集の技術などを駆使して、人間の身体そのものをつくり変えていこうとしています。

もちろん、二〇世紀にもその萌芽はありました。うつ病治療のため、脳のなかに存在する特定の神経伝達物質を増やす抗うつ薬が開発されたことは、うつ病患者にとってたいへんな朗報であったことは言うまでもありません。しかし、抗うつ薬の研究がさらに進んで、うつ病患者だけではなく、誰でも愉快な気持ちで過ごせる薬として認められるようになったとしたら、何が起こるでしょうか。

誰でも、ストレスに悩まされたときなど、気分を陽気にしてくれる効果的な薬があれば、飛びつきたくなるはずです。もっと言えば、いつでも陽気な気分で楽しく過ごせるように、脳自体を改造してほしいという気持ちになるかもしれない。技術が身体内部に向かうということは端的に言えば、人間の身体（と心）を人間にとってより快適になるように改造するということに他ならないのです。

もう一つの身近な例は、白内障の手術です。白内障は、目のなかの水晶体が加齢などで濁ることで、視力が低下する病気ですが、これを治すには、濁った水晶体を取り出して人工の眼内レンズを入れるという方法が一般的です。最近では、通常の単焦点レンズ以外に、多焦点のレンズを入れるという技術が登場し、普及し始めました。多焦点レンズにすると遠くにも近くにもピントが合うため、白内障が治るだけでなく、近視、遠視のみならず乱視までが一気に解消してしまう。この手術を受ければ、「身体の外側の技術」だった眼鏡が、「身体の内部の改造」に取って代わられる。これはもう「人間のサイボーグ化」への一歩と言ってもよいのではないでしょうか。

そしてハラリは、このような動きを止めることは不可能だというのです。なぜなら、これまで「不幸な人を幸福にし、健康でない人を健康にする」ための技術ができれば、人間はそれをたちまち「幸福な人をより幸福に、健康な人をより健康にする」ために活用してきたからです。

デザイナーベビー

形成外科も同じです。もともとは、第一次世界大戦で顔を負傷した兵士を治療するために誕生したこの技術も、戦後は、傷を負っていない顔をより見栄えよくするために応用されるようになりました。

形成外科はその後も病人や負傷者の役に立ち続けたが、健常者のアップグレードにしだいに力を傾けるようになってきた。今日、形成外科医は、裕福な健常者をアップグレードして美しくすることを臆面もなく唯一の目的とする個人クリニックで大金を稼いでいる。（前掲書上巻、七一ページ）

そしてハラリは、薬、外科の分野で起きたこのシフトが、遺伝子工学の分野で起きない理由は何もないと警告します。はじめは、子どもが遺伝病になる危険が高い人たちが治療を受ける。次第に、裕福なカップルが賢くて美しい、いわゆるデザイナーベビーを誕生させるために治療に大金をつぎ込むようになる。すでにその方向に進みつつある世界の事例を挙げながら、彼は、脳とコンピューターをつないだ超人の誕生すら暗示します。

脳とコンピューターを首尾良くつなげられたら、私たちはそのテクノロジーを統合失調症の治療にだけ使うだろうか？　もし本気でそう信じている人がいたら、その人は脳とコンピューターについては非常に詳しいかもしれないが、人間の心や人間の社会についてはろくに知らないのだろう。私たちは、いったん重要な大躍進を遂げたら、新しいテクノロジーの利用を治療目的に制限して、アップグレードへの応用を完全に禁止することは不可能だ。（前掲書上巻、七四ページ）

人間を幸福にするための医学は、技術革新が身体内部に向かう結果、私たちが知っている人間そのものを全く別の存在に変えてしまう可能性があるというわけです。

毎日の気分はアルゴリズムで決まる

人間によかれと思って始まったことが、人間らしさの否定を生み出す。これについてハラリが特に注目しているのが、生命科学者たちが過去数十年間に証明したという「生き物はアルゴリズムである」という見解です。もっとも、この見解はやや単純化しすぎているきらいがあります。ハラリも知性（インテリジェンス）や情動（エモーション）についてはそのとおりだとしても、意識（コンシャスネス）までアルゴリズムで表現できるわけではないと言っています。しかし、そのような留保を付けたうえで、ハラリは次のように言うのです。

「アルゴリズム」は、私たちの世界で間違いなく最も重要な概念だ。私たちの生活と将来を理解したければ、アルゴリズムとは何か、そして、アルゴリズムが情動とどう結びついているかを理解するために全力を挙げるべきだ。（前掲書上巻、一〇七ページ）

科学者たちは、人間と動物の違いを研究するなかで、動物にも情動があることを見出しました。情動は、人間が偉大な芸術作品を生み出す根源となる力のように考えられてきましたが、それは人間固有のものではなかったのです。

たとえば、私たちは魅力的な異性と出会うと、情動が喚起され相手に惹きつけられます。しかしこれは動物と同様、次世代に着実に遺伝子を遺《のこ》すための、アルゴリズムに基づいたものにすぎないというのです。

次の世代に遺伝子を伝えるためには、生存の問題を解決するだけでは十分ではない。

動物は繁殖の問題も解決する必要があり、これもまた、確率計算に基づく。自然選択は、繁殖の確率を求める迅速なアルゴリズムとして情欲と嫌悪感を進化させた。美は「繁栄する子孫を残せる可能性が高い」ことを意味する。女性が男性を見て、「わぁ！　なんて素敵なんでしょう！」と思ったときや、メスのクジャクがオスのクジャクを見て、「まぁ！　なんてすごい羽！」と思ったときには、自動販売機と似たようなことをしている。（前掲書上巻、一一〇―一一一ページ）

生命科学者たちは、人間を含めた哺乳類には固有の自由意志などない、すべては身体という機関が持つアルゴリズムが決定しているのだ、と結論づけました。たとえば哺乳類が危険を察知したとき、逃げるのはなぜか。意志によって逃げるのではない。体全体が計算機で、その計算結果に従って体が動いているだけなのだというわけです。

これはつまり、体を離れて意志や心などというものがあるのではなく、人間はすべて物理的な細胞のネットワークである、という認識です。これはすべてのことが科学的に、客観的に分析しうるという考え方で、こうした哲学的立場を「自然主義」と言います。

ちなみに、あとで述べるように、私自身は人間行動のすべてを科学的に分析し、データに置き換えることができるとする自然主義の考え方には反対です。

しかし、仮に、自然主義が正しいとすれば、神経細胞のネットワークをすべて分析し、どこを刺激するとどういう電流が流れ、人間はどういう気分になってどんな行動を起こすかはすべて解析可能ということになる。現在の研究ではそこまで達してはいませんが、原理的にはそうなるでしょう。となると、たとえば毎日を愉快に過ごしたいと思うなら、脳のある部分を刺激すれば事足りるということになる。すなわち、人間行動のすべてはコントロール可能ということになります。そんな世界が、いずれ訪れることになるのでしょうか？

ハラリは、訪れると考える。身体内部に向けた技術革新というものが、二一世紀の主たるイノベーションとなり、それがひょっとしたら、ホモ・サピエンス（賢い人）をホモ・デウス（神のような人）に変えていく大きな起爆剤になるかもしれない。果たして人間は、いや、ホモ・サピエンスはそれに抵抗できるか、というのがハラリの問いかけなのです。

判断もデータに委ねられる

未来予測の二つ目に移りましょう。ポイントは、人間は自身の判断を「データ」に委ねるようになるということです。

第一章でも述べましたが、私たちの生活では「自分が決める」から「スマホに決めてもらう」場面が次第に増えてきました。近代世界においては、置き換えも分割も不可能な個人の自由意志が何よりも重要視されてきたわけですが、ハラリは、そもそも「単一の本物の自己」など存在しないということを、科学の研究成果を列挙しながら次々と暴いていきます。

なかでも興味深いのは、二〇〇二年にノーベル経済学賞を受賞したダニエル・カーネマンが行った実験です。被験者たちはまず、(A)痛みを感じるか感じない程度の一四℃の水に一分間手を入れる。次いで、(B)一四℃の水に最初と同じ一分間手を入れたあと、さらに三〇秒だけ余分に入れ続けることを要求されるがその際、わずかに温かい水が加えられ、水温が一五℃に引き上げられた。これらの実験のあとで、同じ被験者たちに、三度目の実験に参加してもらう。その内容は、(A)(B)のどちらかをもう一度やってもらうということですが、どちらにしたいかは被験者に決めてもらいました。読者ならどちらを選択するでしょうか。

「合理的」に考えると、水に手を入れている時間の短い、したがって、苦痛の総量の少ない（A）を選ぶと思われますが、何と八割が苦痛の時間が長い（B）を選びました。

この冷水実験はじつに単純だが、それが意味するところは自由主義の世界観の核心を揺るがせる。私たちの中には、経験する自己と物語る自己という、少なくとも二つの異なる自己が存在することを、この実験は暴き出すからだ。（前掲書下巻、一一九ページ）

ハラリによれば、「経験する自己」とは、そのときどきの意識です。私たちは、まさに経験している最中には、追加的な三〇秒の苦痛がある（B）に比べて、（A）のほうがましと考える。「経験する自己」とは「合理的な自己」なのです。それに対して、「物語る自己」は事後にその経験を解釈し評価します。その結果、ピークの瞬間とエンドの瞬間を平均して、（B）のほうが少し温かかったと判断する。

私たちは通常、「経験する自己」ではなく、「物語る自己」と自らを同一視しています。「物語る自己」のほうが、そのときどきの経験のなかから筋の通った（解釈可能な）物語を導き出すことができるからというのがその理由です。たとえ三〇秒でも水温が上がったときのほんの少し心地よかったという経験が拡大され、八割もの人が二回目の実験のほうをより気持ちが良い経験として高く評価するというわけです。
ハラリはこう述べます。

というわけで、国家や神や貨幣と同様、自己もまた想像上の物語であることが見て取れる。私たちのそれぞれが手の込んだシステムを持っており、自分の経験の大半を捨てて少数の選り抜きのサンプルだけ取っておき、自分の観た映画や、読んだ小説、耳にした演説、耽った白昼夢と混ぜ合わせ、その寄せ集めの中から、自分が何者で、どこから来て、どこへ行くのかにまつわる筋の通った物語を織り上げる。この物語が私に、何を好み、誰を憎み、自分をどうするかを命じる。……だがけっきょく、それはすべてただの物語にすぎない。（前掲書下巻、一二九―一三〇ページ）

自己も物語にすぎない。そうであるなら、思いつきの物語を語りたがる不合理な自己よりも、経験のすべてを記憶し、何も切り捨てることなくそれを保管し、常に正しく分析できるデータに依存して、合理的な判断をしてもらったほうが良いということになります。

巨大IT企業に集積する膨大なデータ

こうして人間は自分の評価よりもデータを信用するようになり、さまざまな判断をデータに委ねるようになります。

先述したとおり、インターネット通販のアマゾンで本を買う人は、アマゾンに対し、いつ、どんな本を買っているかというデータを逐一提供している。何らかのウェアラブルデバイスをつけて本を読めば、どのページで心拍数が上がったか、どのページで眠くなったかといった反応を記録することも可能でしょう。そうした情報がどんどん蓄積されていけば、アマゾンがその人に「確実に満足できる本」をすすめることができる確率が高まっていきます。

グーグルも同様。私たちの多くは、グーグルでニュースなどを検索するほか、マップやメールなどさまざまなサービスを利用しています。強制されて利用しているわけではなく、無料で便利だから——つまり自由意志で——使っているわけですが、それと引き換えにグーグルは大量の個人情報を手に入れます。いつどんな言葉を検索したか、どこの地図を見たか、そうした情報が溜まれば溜まるほど、グーグルは利用者のことをよく知ることができる。ついには自分よりもグーグルのほうが自分自身のことをよく理解していることになってしまう。そうすると、検索結果やニュースのラインナップの個人ごとのカスタマイズも可能になります。

これはハラリも指摘していることですが、フェイスブックの「いいね！」も重要なデータです。フェイスブックを利用している人は、自分が気に入った記事に対して「いいね！」ボタンを押す。フェイスブック側には、その人がどういうところで「いいね！」を押す傾向があるのか、つまりは興味の対象や価値観が見えてきます。ハラリが紹介している研究によれば、ある人が三〇〇回「いいね！」をクリックすれば、そこから生成されたアルゴリズムによって、家族よりも正確にその人の意見を予測することができるといいます。人間よりもデータが正確だというわけです。

二〇一六年のアメリカ大統領選挙で、フェイスブックユーザーの個人情報がトランプ陣営に利用されていたことが判明し、大きな問題になりました。たとえばアメリカで州知事選挙があるとしましょう。その州在住のフェイスブックユーザーの「いいね！」をすべて分析すれば、どちらの候補が勝つか、フェイスブックには簡単にわかってしまう。そうなると、もう投票などは必要ない、事前にわかっているのであれば投票所に行く必要はない、ということになります。これは究極的には、民主主義は必要か、という問いにもつながっていくでしょう。

膨大なデータの集積をもとに、個人の価値観や好みを「当人よりも」よく知っている機関が外部世界にいくつも出てくる。となると、いったい個人の自由意志なるものに意味はあるのか。私たちはすでに、その問いに直面しているのです。

「データイズム」が人間中心主義を消滅させる？

三つ目の予測に移りましょう。ハラリは前述のとおり、データイズムが人間中心主義を消滅させると考えています。

ハラリも指摘するとおり、巨大IT企業が膨大な個人情報を握っていることに対して、人々もはじめのうちは抵抗するでしょう。実際にEUは、域内の個人情報を域外に持ち出すことを原則禁止する「一般データ保護規則」（いわゆるGDPR）を二〇一八年から導入しました。また、欧州委員会は最近、アップルがダブル・アイリッシュ（アイルランドに二つの異なる法人を設立し、他国で挙げた利益をそれらの会社に付け替えることによって最終的に企業の利益にかかる税率を低くする手法）と呼ばれる仕組みを利用して実効税率を著しく下げ、違法な税制上の利益を得ていたと認定しました。これは個人情報に直接のかかわりはありませんが、アメリカの巨大IT企業に対して、国際社会がきわめて厳しい姿勢で対応し始めた象徴的な事件でした。

しかし、このような巨大IT企業に対する「抵抗」はどの程度有効でしょうか。今後もテクノロジーは進化し続けるでしょう。そして、これら巨大IT企業が提供するサービスはますます便利で快適なものになるでしょう。そうすると人間は、長期的な結果のことはさておき、どうしても目の前の心地よい生活になびいてしまう。長期的、かつ、冷静に考えると、知らず知らずのうちに膨大な個人情報をこれらIT企業に提供し続けることは危ない。しかし、個人が生活のさまざまな局面で、楽しく便利で快適な方向を自主的に選択するとするならば、その選択は尊重せざるを得ません。そして、そのストーリーの向かっていく先は、膨れあがるデータが人間をコントロールし始めるという結末です。

もし人間が、今後も発展し続けるであろうAIとバイオテクノロジーに自分の生き方を委ね続けるとすれば、人間中心主義という虚構が、データイズムに取って代わられる。ハラリはこう言います。

二一世紀のテクノロジーのおかげで、外部のアルゴリズムが人間の内部に侵入し、私よりも私自身についてはるかによく知ることが可能になるかもしれない。もしそうなれば、個人主義の信仰は崩れ、権威は個々の人間からネットワーク化されたアルゴリズムへと移る。人々は……自分のことを、電子的なアルゴリズムのネットワークに絶えずモニターされ、導かれている生化学的メカニズムの集まりと考えるのが当たり前になるだろう。それが実現するには、私を完璧に知っていて絶対にミスを犯さない外部のアルゴリズムは必要ない。私のことを私以上に知っていて、私よりも犯すミスの数が少ないアルゴリズムがあれば十分だ。そういうアルゴリズムがあれば、それを信頼して、自分の決定や人生の選択のしだいに多くを委ねるのも理に適っている。（前掲書下巻、一六二ページ）

こうなったとき、人類を支配するのは当然、政治家などではなく、精度の高いアルゴリズムを所有するＧＡＦＡ（Google, Apple, Facebook, Amazon）などの巨大ＩＴ企業や、それらをつなぐ情報ネットワークということになるでしょう。

二〇世紀までは、個人の一挙手一投足をすべて記録することなど不可能でした。しかしいま、ＧＡＦＡはそれを実現しつつある。それならば、勝手にストーリーをつくりあげる「物語る自己」よりも、客観的に自分を知る「データ」に権限を委譲してもよいのではないか。人々はそう考えるようになるはずだと、ハラリは予測しているのです。

「無用者階級」の出現

四つ目のポイントは、「無用の民」が新たなカーストとして出現するということでした。どういうことでしょうか。

ハラリは、人間よりもデータのほうが信頼できるのであれば、今後、そのデータから生成されるアルゴリズムが、人間に代わってさまざまなことを行うようになるだろうと考えます。これは、昨今話題になるシンギュラリティに関して、ＡＩが人間の知能を凌駕すれば、現在人間が行っている仕事の約五割がＡＩに奪われる、などと言われていることと共通しています。まさに、大失業時代の到来につながるということです。

二一世紀の経済にとって最も重要な疑問はおそらく、厖大な数の余剰人員をいったいどうするか、だろう。ほとんど何でも人間よりも上手にこなす、知能が高くて意識を持たないアルゴリズムが登場したら、意識のある人間たちはどうすればいいのか？
（前掲書下巻、一四七ページ）

いくらアルゴリズムの知能が高いとはいえ、それでも人間にしかできないことはあるだろう。私たちはたいていそう考えます。いや、そう考えたい、というのが多くの人たちの正直な気持ちでしょう。しかしハラリは、実に短期間のうちにその予想が覆されていった事実を、医療の現場、チェス、囲碁、車の運転、銀行員、ベンチャーキャピタルの役員などを例に次々と指摘していきます。

私がある医療コンサルタントから最近、実際に聞いた例をお話ししましょう。医療におけるガンの診断では画像分析が重要な役割を担っていますが、画像一枚を見て医師がガンを見つける確率と、何万枚という大量の画像を分析したＡＩがガンを発見する確率を比べると、圧倒的に後者のほうが高いそうです。

このことを反映して、医療の現場では、保険会社が病院に対し、医者に任せるのではなく、ＡＩの画像分析で診断を行うよう圧力をかけ始めているというのです。医師の判断では誤る可能性が高く、そのためガンの治療が遅れると、保険会社が患者に支払う保険金額が高くなる。したがって、保険会社としては、少なくとも大量の画像データを持っている大病院に対しては、ＡＩによる画像診断を要求するようになってきたというのです。そうすれば、ガンの早期発見が可能になり、保険金の支払いも抑えられる。

実利的なビジネスの世界では、すでにそういうことが現実になっています。その結果、ガン治療にかかわる医師の仕事はかなりの程度ＡＩに取って代わられることになるでしょう。ただし、現時点では、法規制の問題もあって、それで医者がお払い箱になるというところまではいっていないそうですが、医者の仕事がＡＩに代替されるというトレンドに変わりはありません。

経済的不平等から生物学的不平等へ

こうしてアルゴリズムが人間を求人市場から押しのけていく。その結果として誕生するとハラリが予測するのが、「無用者階級」（Useless Caste）です。

労働市場から不要という烙印《らくいん》を押された場合、人間には何が残されているか。たとえば芸術という創造の分野に人間の生きる道はあるのか。ハラリはそれも否定します。聴衆はコンピュータープログラムがつくった曲をバッハの作品だと誤って判断した例もあるという。もはや人間の創造性は特別なものではありません。芸術の分野にアルゴリズムが進出する可能性は、きわめて高いわけです。その結果、どうなるか。

二一世紀には、私たちは新しい巨大な非労働者階級の誕生を目の当たりにするかもしれない。経済的価値や政治的価値、さらには芸術的価値さえ持たない人々、社会の繁栄と力と華々しさに何の貢献もしない人々だ。この「無用者階級」は失業しているだけではない。雇用不能なのだ。（前掲書下巻、一五七ページ）

そこから容易に想像ができるように、二一世紀には不平等がアップグレードされるとハラリは言います。アルゴリズムを所有するほんの一部のエリートと、そのエリートたちが提供する無料の情報に乗って完全にデータの奴隷となった人たちに、世界は二分される。これがハラリの意見です。

これらの一部のエリート富裕層は、ゲノム編集をはじめとする生命科学の最先端の治療をいつでも受けられる立場にあります。一方、一般庶民にはとてもそんな財力はないので、最先端医療の恩恵は受けられない。

考えてみると、人間社会は歴史上常に不平等でした。真の平等が達成されたことなど一度もありません。ひょっとしたら、人間はある程度の不平等と格差なしには生きられない生物なのかもしれない。それほど不平等と格差は人間社会にはつきものだった。ただし、ここが重要な点ですが、これまでの不平等はそのほとんどが経済的なものでした。庶民は虐《しいた》げられながらも何とか食べていければいい、生活水準が少しでも上がっていけばいい、という考えだったのです。

ところが、二一世紀の不平等はそこに留まりません。経済的不平等に加えてこれから発生するのは「生物学的不平等」です。医療は早晩、大衆の健康を維持または増進させることよりも、少数のエリートたちに庶民には手が出ないような高額のガン治療や、iPS細胞による再生治療でアンチ・エージングの治療を施すなど、不老長寿に向けた進歩を遂げていくことでしょう。つまり、最先端の医療を享受する人は一〇〇歳をゆうに超える長寿を実現し、さらには不老不死に向かって進むことができるのに対し、庶民はそのような恩恵に浴することなく、悪くすると、現在よりも早死にする可能性が高まるかもしれないのです。

二一世紀社会は庶民を必要としなくなる

なぜ、一般庶民は無用者階級に転落してしまうのか。仕事がＡＩに奪われるということについてはこれまで見たとおりです。しかし、もう一つ大きな理由があります。それは、社会が一般庶民をこれまでのように必要としなくなるということです。

二〇世紀は、言ってみれば「戦争の時代」でした。国が総力を挙げて戦った二度の世界大戦で、戦争の勝敗を決した最も重要な要因は、健康で意気軒昂な兵士をいかに多く抱えているかということでした。兵士の育成が戦争に勝つ大きな条件だったのです。その意味で、国家には庶民を大切にしなければならない理由がありました。

思想史家の片山杜秀は著書『「五箇条の誓文」で解く日本史』で、「デモクラシー国家のほうが独裁体制国よりは総力戦には強い」と述べています。たとえ戦争が勃発したとしても、デモクラシーで選ばれた政治家がそれを決意したのなら、それはその政治家を選んだ自分たちの責任だという意識が国民のあいだで働く。それに対して、そのような気持ちを持ちえない独裁国家の兵士のあいだでは、戦争が泥沼化し始めると厭戦《えんせん》気分が蔓延《まんえん》しやすいというわけです。

片山は、二〇世紀に多くの国で民主化が推進されたのには、実は、そのような実利的な理由があったと述べています。つまり、戦争で意気軒昂な兵士を大量に育てること、これが二〇世紀に多くの国で民主化が推進された目的だったというわけです、なかなかうがった見方だと思います。

国民が庶民を大切にしなければならないもう一つの理由は、二〇世紀が「工業化の時代」でもあったということです。この時代、農村から大勢の若者を工場に連れてきて、大量の工業製品を製造することが経済競争に勝つうえでどうしても必要でした。これを実現するためには、労働者が心身ともに健康でなければならない。長時間労働にも耐えられる健康な肉体と精神を持った労働者が必要だということになります。そうなると、賃金を引きあげたり、社会福祉を充実したりして労働者の生活水準を引きあげる必要が出てきます。

第二次世界大戦後の三〇年ほどの期間を、歴史学者のエリック・ホブズボームは資本主義にとっての「黄金の時代」と呼びましたが、この時期、西側諸国では福祉国家建設が大きな政策課題でした。その結果、社会保障の拡充、累進課税、最低賃金制度などが次々に打ち出されたため、所得分配の平等化が進みました。資本主義経済で所得分配が平等化したほとんど唯一の時期だったのです。もちろん、ソ連という共産主義国家が西側諸国の脅威となり、自由主義のほうが共産主義よりも国民の生活水準を引きあげるうえでより良い経済制度であるということを世界に向かって証明する必要があった。このことが、平等化を推進するうえで重要な要因になったことも事実です。

しかし、二一世紀には状況ががらりと変わります。まず、兵士同士の肉弾戦などは局地的な紛争ならともかく、本格的な戦闘の場面では想像できません。ミサイルやロボットなど、すべてAIを駆使した機械による戦争になるからです。ここでは、もはや、大勢の人間を徴兵する必要はありません。むしろ、ごく少数の優秀なAI専門家こそが必要となります。

産業面でも同様の動きが見て取れます。二一世紀はすでに「脱工業化」の時代に入っており、これからは高度な情報技術やバイオテクノロジーが主流になります。工場には無人化技術が入り込み、かつてのように大勢の労働者を雇用する必要はなくなったのです。

つまり、二〇世紀には競争力維持のために必要だった兵士や労働者は無用になったということです。そうだとすると、もう、福祉国家の建設やデモクラシーの推進を声高に唱える必要性も低下したと言えるでしょう。そのような情勢の変化が起きるとともに、AIが人々の仕事を奪い始めた。それが無用者階級誕生の理由です。「生物学的格差」さえも生みかねない無用者階級の問題を、人類の文明史上、私たちはいったいどのように捉えたらいいのか。これこそ、今世紀最大の問題の一つになるだろうとハラリは指摘しています。

もし科学的な発見とテクノロジーの発展が人類を、大量の無用な人間と少数のアップグレードされた超人エリート層に分割したなら、あるいは、もし権限が人間から知能の高いアルゴリズムの手にそっくり移ったなら、そのときには自由主義は崩壊する。そうなったとき、そこに生じる空白を埋め、神のような私たちの子孫の、その後の進化を導いていくのは、どんな新しい宗教あるいはイデオロギーなのだろう?（前掲書下巻、一八八ページ）

ハラリの予測の問題点

以上、『ホモ・デウス』におけるハラリの迫真の未来予測を駆け足で紹介してきました。これらはまさしく、AI資本主義の「負の側面」を表していると言えるでしょう。『サピエンス全史』同様、この本も興味深い論点を提供しており、刺激的であることは間違いありませんが、しかし、彼の主張は決定論に傾きすぎている、あるいは、「こうなる」と決めつけているきらいがあるように思われます。

前作でハラリは、人類は想像上の虚構を時代に応じてつくり変えて生き延びてきたというストーリーを描きました。ところが二一世紀以降の未来予測については、ヒューマニズムが消滅してデータイズムが世界を支配するという一つのシナリオが強調して書かれている。前作では、歴史にはいろいろな選択肢があり、それを選んできたのが人類なのだと言いながら、本書ではこれがほとんど唯一の可能性であるかのように書かれています。

もちろん丁寧に読めば、ハラリが自分自身の未来予測に対して留保していることはわかります。彼は本書で再三、これは過去をふまえての未来予測であって、本当の未来がどうなるかは別の話だ、未来を予測すればそうならないよういまから行動を変えることもできる、などと言っています。本の最後も、「生き物は本当にアルゴリズムにすぎないのか?」といった問いを投げかけて終わっている。この問いをどう解釈するかは、読者しだいというわけです。

しかし、そうした留保部分を除いた大部分の書きぶりは、未来は確実にデータイズムに支配されるという決定論的なものです。とするならば私たちの課題は、ハラリの予測の問題点をふまえて、AI資本主義の未来を人類にとって希望が持てるように変えていくためにはどうすればよいのかを考えること、そして、そのために必要な知的基盤を築きあげることでしょう。

本章では以下、このテーマに迫るうえで参考になる見解をいくつか紹介し、ハラリの主張のどこに問題があるのかについて考えてみます。

ガブリエルの科学主義批判

まずはマルクス・ガブリエルです。『なぜ世界は存在しないのか』という著書が哲学書としては日本でも異例の売れ行きを見せた、新進気鋭のドイツの哲学者です。

著書のタイトルにも表れているように、ガブリエルの基本的な認識は、あらゆる世界は存在するが、唯一絶対の真実としての「ザ・世界」は存在しないということ。世界を「たった一つの原理で説明することはできない」ということです。

「たった一つの原理」の典型が、自然科学です。同書でガブリエルは、自然科学はあらゆることを客観的に把握でき、自然科学こそが万物の尺度だとする科学主義（自然主義）は、端的に間違っているとしています。

世界は、そのような〔実験によって開拓できる自然科学の対象領域である〕宇宙よりも明らかに広大です。世界には、国家も、夢も、実現しなかったさまざまな可能性も、芸術作品も、それにとりわけ世界についてのわたしたちの思考も含まれているからです。つまり世界には、触《さわ》って確かめることのできない対象がかなり数多くあるわけです。
（『なぜ世界は存在しないのか』、清水一浩訳、一八ページ）

触って確かめることができない対象や芸術作品を自然科学的に、アルゴリズムを使って解明することはできません。

さらに彼は、科学主義の延長にある「唯物論的一元論」も批判します。これは、「宇宙を存在する唯一の対象領域と見なし、これを物質的なものの全体と同一視し、その物質的なものは自然法則によってのみ説明できるのだとする立場」（前掲書、一五九ページ）のこと。これは先ほど紹介した、人間は物理的な神経細胞のネットワークであり、アルゴリズムがそれを支配しているとする立場と共通するものです。

ガブリエルは、人間も物質だとする唯物論を次のように批判します。

わたしが、わたしを構成している素粒子に等しいということは、どのみちありえません。もし素粒子に等しいのであれば、わたしは生まれる以前から——今とは違った仕方で宇宙のなかに散乱していたにしても——存在していたことになってしまいます。……したがって、わたしたちは自らの身体と論理的に等しいわけではありません。

（前掲書、一六二ページ）

二〇一八年に来日したときのインタビューで彼は、思考と脳の関係を、歩くことと靴の関係にたとえて説明しました。人間は靴を履いたほうがよく歩けるが、靴自身が歩くわけではない。同様に、脳があればいろいろなことが考えられるが、脳という物質が考えているわけではない。脳は複雑な構造を持つ知性の一部にすぎないというわけです。

また、旅行計画を立てるためインターネットやスマホを利用することはあっても、スマホ自体が旅行に行こうと考えることはない。だから「人工知能」なるものは存在しない、と彼は断言しています。人間が自らの判断をデータに委ねることで、データイズムがヒューマニズムを駆逐するというハラリの予測への強烈な批判です。

ハラリ批判は続きます。同じインタビューで彼は、自然主義の立場から未来を予測するハラリの言説を俎上《そじょう》に載せて、次のように語りました。

ハラリは言ってみれば、自然主義、科学主義の司祭のような存在でしょう。テクノロジーによって人類が消滅し超人が誕生するという彼の本は、聖書のテクノバージョンといえるかもしれません。／ハラリのように、自然科学だけを真実と捉え、それ以外の想像的な事象を虚構と見なす科学主義は、民主主義の基盤を損なうことにつながります。というのも、科学主義は、人権や自由、平等といった民主主義を支える価値体系を信じないニヒリズムに陥ってしまうからです。……／ニヒリストが最悪なのは、価値そのものを幻想や虚構だと考えるからです。……／……私たちは今、これからの100年のために、分かれ道の前でどちらに進むかを決めなければなりません。一方の道は、世界規模のサイバー独裁や全人類の滅亡に続きます。これがまさにハラリが示したものです。そしてもう一方には、普遍的なヒューマニズムを追求していく道があります。(「コンピューターは哲学者に勝てない」)

自然主義のように唯一無二の真実の「世界がある」と思い込むのではなく、世界は「存在しない」ことに気づく。世界が存在しないからこそ私たちは、こういうことをやってもいいし、ああいうことをやってもいいと感じることができる。これこそが自由の源泉であり普遍的なヒューマニズムにつながっていくとガブリエルは語っているのです。さあ、読者のみなさんはどちらの立場を支持しますか？

あらゆる「制度」は脆弱なのか

ここまで本書は、宗教から貨幣、資本主義やヒューマニズムまでを「想像上の虚構」と捉えるハラリの刺激的な議論をふまえて、ホモ・サピエンスの歴史から未来までを鳥瞰してきました。しかしガブリエルが述べているとおり、すべてを虚構と見なす立場が民主主義の基盤を損ないニヒリズムを招きよせてしまうとするならば、留保をつけておく必要があります。

経済学者の瀧澤弘和は、次のように指摘します。

人間本性を自然科学的アプローチだけで把握できると考えるのは明らかに間違っている。人間は根本的に「制度をつくるヒト」(homo instituens) であり、制度的存在である。われわれ人間は先人たちが作り上げてくれた制度のなかで育ちながら、認知能力を獲得し、新たに制度を作り上げていく。しかし、人間存在のこのような制度的存在としての側面は、自然主義的アプローチで捉えることが困難である。／……制度は言わば「第二の自然」のようなものであり、自然界に属するとも、人間界に属するとも言えない。われわれが外界に創り出しているとも言えるが、それはわれわれの考え方そのものに内在していて、外界を見る観点そのものを構成しているからである。（瀧澤弘和『現代経済学』、二六二ページ）

ここで瀧澤が言う「制度」には、正義や道徳性、自由や友情などの概念も含まれます。たしかにハラリの指摘するとおり、ホモ・サピエンスは認知革命を経てさまざまな虚構をつくりあげることで繁栄を達成しました。しかし、これらが虚構であるがゆえ、きわめて脆弱《ぜいじゃく》なものであり、たやすくデータイズムに取って代わられると認めてしまうなら、それはニヒリズムへの道であり、まさに、先人たちが長い歴史を通じて営々と築いてきたさまざまな制度への信頼をあまりにも軽んじていると言えるでしょう。

自然と虚構の相克として人類史を捉える視点をふまえながらも、新たに制度を創りあげていく人間の能力への信頼を失わないことが重要なのです。

ハイエクの「設計主義」批判

次に参照したいのは、二〇世紀を代表する経済学者・思想家であるフリードリヒ・アウグスト・フォン・ハイエクです。

ハイエクの思想には多くの部分でガブリエルと共通するところがあると私は考えています。端的に言えば、人間をめぐる世界は科学的に分析し尽くせるものではない、そこには非常に複雑な相互作用があり、科学的に分析できるのはそのうちのごく一部だ、ということです。

ハイエクは、社会を科学的に分析し、それに基づいて思いどおりに社会を設計できるとする立場を「設計主義」と名づけ、その考え方を痛烈に批判しました。「いま、社会を分析するとこのような状態にある。それに従えば、社会はこう改革すべきだ。だからできれば一から創り変えよう」と考える立場です。ハイエクは『科学による反革命』という著書で、設計主義は科学主義の影響を受けて発展したことを指摘しました。

社会現象の意識的統制にかんする理念は経済学の分野に最大の影響を及ぼしてき

た。現在の「経済計画」の人気はわれわれが論じてきた科学主義的考え方の普及に直接起因する。……初期ユートピアから近代社会主義に至る、社会の完全な改造計画の大部分にこの影響は実に明確に刻印されている。(『科学による反革命』佐藤茂行訳、一三三ページ)

しかし、こうした設計主義は巨大な失敗を生み出すとハイエクは主張します。たとえば共産主義です。労働者中心の世界こそが楽園だという思想に基づいてソビエト社会主義共和国連邦が建設されましたが、その過程で起きた粛清で、いったいどれだけの人々が殺されたのか。毛沢東による文化大革命も同様です。つまり、世界は一つしかない、これが正しい世界だという設計主義的あるいは自然主義的な考え方は、決定的に危険であるとハイエクは言っているわけです。

ハイエクが重要だと考えているのは、人類が長い時間をかけてさまざまなルールや制度を進化させてきた結果、できあがった「自生的秩序」です。ここには、伝統や慣習、道徳などが組み込まれており、そのような秩序のなかで生活する人々が少しずつ人間社会を進化させていくというイメージがあります。

人間の判断は多様であり、何が正しいのかは事後的にしかわからないことも多い。つまり、民主主義が常に正しい決定をもたらすともかぎらない。むしろ失敗の連続と言ってもよい。したがって、人間はさまざまな失敗をし、少しずつ学習していくしかない。その積み重ねによって社会を少しでも良くしていく。そうすることによって、「自生的秩序」が徐々に生まれていく。これしか方法がない。これがハイエクの考え方です。

もしハイエクが『ホモ・デウス』を読んだとしたら、次のように言うのではないでしょうか。

ハラリが予測するように、たとえ人類が「データイズム」に支配され始めたとしても、それに対して世界中でさまざまなリアクションが生まれ、さまざまな相互作用が起こることによって、人類文明の方向性は修正されるに違いない。やがて何らかの形で「ホモ・サピエンスは消滅する」という悲劇的な結末を是正するための「自生的秩序」が生まれてくるだろう。もちろん、人類がどのような「自生的秩序」を創り出すかは予測できない。なぜなら人間社会はインタラクティブでダイナミックな性質を持っていて、あらかじめ世界はこうなると科学的に予見できるわけではないから、と。

クローン・ロボットは存在可能か

世界とはその瞬間ごとの、あらゆるものの相互作用である。ハイエクのこの認識に関連して、おもしろいエピソードを紹介しましょう。

自分とそっくりのクローン・ロボットを開発しているという若い、夢多き起業家の男性から話を聞いたことがあります。彼のねらいは、究極的には人間の生物的限界の突破です。

現在は、コンピューターをはじめとする情報機器の開発のおかげで、仕事の効率はアップしています。しかし、生物としての人間には一日二四時間しか時間がない。この限界を突破すればさらに生産性は上がると考えて、彼は自分にそっくりなロボットの開発を始めました。搭載したＡＩに自分自身に関するあらゆるデータを教え込み、自分と同じような受け答えができるようにすれば、自分はここで仕事をし、ロボットは別の場所で会議に出る、といったことが可能になると彼は言います。そうすることで、一日は二四時間という限界を突破できるというわけです。

しかし残念ながら、その発想には無理があります。人間の情動はすべてアルゴリズムで記述できるという前提のもと、仮に自分という人間をすべてデータ化してチップに書き込むことができたとして、それをロボットに埋め込めば、自分とまったく同じ考え方をするクローン・ロボットができる。ところが、そのロボットが本人と離れて別の会議に出た瞬間、ロボットはもう本人とは別の体験をしています。ロボットはディープラーニングで会議の出席者たちの発言をすべて吸収する。すると、このロボットはクローン・ロボットではなくなる。なぜなら、その会議の体験はクローン・ロボットだけの個別の体験となり、本人とは共有できなくなるからです。

つまり、人間とは静態的（スタティック）なものではなく、動態的（ダイナミック）なものです。人間は誰でも日々変化していきます。常にダイナミックに変化している自分というものは、たとえある時点でクローンをつくったとしても、次の瞬間には別人になっている。

複雑で、ダイナミックで、常にうごめいて変化していく人間たち。彼らが複雑にインタラクトしながら変化していく。それが人間社会です。このことを理解していれば、人間の思考や行動がアルゴリズムで説明できるから複製可能だし改造もできるという「データイズムの罠」に陥ることもなくなることでしょう。

塗り替えられた「人間観」

近年、ＡＩが人間の知性を凌駕するというシンギュラリティの到来に夢を託す専門家が増えているようです。その背景には、人間があまり頼りにならないという近年における「人間観の変化」があったからだと考えられます。

西洋近代の初めに期待されたのは、人間の理性の力でした。神に代わって、人間がその理性を存分に発揮すれば、すばらしい社会が建設できるという希望に満ちあふれていたのです。しかし、先に「経験する自己」と「物語る自己」のところで触れたように、ヒトは思っていたほど合理的な存在ではないということが最近次々に明らかになってきました。

一九七六年、『利己的な遺伝子』というベストセラーを著したリチャード・ドーキンスは、生物進化の主体は生物個体ではなく、その個体に乗っかっている遺伝子だという主張をして世界を驚かせましたが、それは人間をはじめとする生物の個体そのものには進化に適応する合理性があるわけではないという生物観です。人間とは遺伝子の乗り物にすぎない。人間が利他的な行動をする場合、個体としての人間は生存確率が低くなるとしても、遺伝子の自己複製力という観点からそのような利他的行動が正当化される場合があるというわけです。ドーキンスによれば、乗り物である人間は亡びていっても、遺伝子が別の乗り物に乗り換えて生存し続けることは十分ありえます。

ドーキンスの著作に刺激されて、この三〇年ほどのあいだに、進化理論、認知諸科学、行動経済学、脳科学、社会生物学などの分野での人間研究が驚異的に進みましたが、その結果、いまや、人間が思っていたほど理性的でも合理的でもなく、また、そもそも人間には自由意志などはないといった新たな人間観が確立しました。だから、データに身を委ねるほうがより良い結果が生み出されるのだという自然主義、科学主義の主張がまかり通るようになったのです。

しかし、ドーキンスが人間の自主的な意志決定能力を否定したわけではないという点には、注意しなければなりません。

私たちには、私たちを産み出した利己的遺伝子に反抗し、さらにもし必要なら私たちを教化した利己的ミームにも反抗する力がある。純粋で、私欲のない利他主義は、自然界には安住の地のない、そして世界の全史を通じてかつて存在したためしのないものだ。しかし私たちは、それを計画的に育成し、教育する方法を論じることさえできる。私たちは遺伝子機械として組み立てられ、ミーム機械として教化されてきた。しかし私たちには、これらの創造者に刃向かう力がある。この地上で、唯一私たちだけが、利己的な自己複製子たちの専制支配に反逆できるのだ。(『利己的な遺伝子』日高敏

隆他訳、三四五ページ）

ここで出てくる「ミーム」とは、ドーキンスによれば、脳から脳へと伝わる文化的遺伝子の単位ですが、人間はその気になれば、利己的な遺伝子や利己的なミームですら、育成し教育できると、彼は主張しているのです。

ハラリが予測したとおり、ＡＩ資本主義の時代にヒューマニズムや民主主義はデータイズムに座を奪われ、本当に崩壊してしまうのか。それとも、人間はこれらの動きに抵抗し、新たな社会を構築することができるのか。それは、私たち一人ひとりにかかっています。

先に紹介した瀧澤は、不識塾の講義で、人間が他の動物と違うのは、生きることの意味を求め、自分は何ものかを問い続ける点にあると指摘しました。このような人間の自己認識の力こそがさまざまな制度を生み出し、より良い社会を創り出すというのです。つまり、私たちがこのような社会を創ろうと思うことこそが、未来の社会を築きあげる。ということは、ハラリの予測を私たちが信じ込んでしまうと、本当にそうなってしまうのです。「データイズムの罠」から逃れるためには、私たちはそれに代わる未来を自ら構想し、ＡＩ資本主義の方向を軌道修正しなければなりません。

次章では、さまざまな問題を抱えた二一世紀世界をどう建て直すか、「普遍主義」というキーワードから考えていきます。

第三章　普遍主義

——『ヨーロッパ的普遍主義』から「AI資本主義の課題」に迫る

「ヨーロッパ的普遍主義」とは？

　第一章と第二章ではハラリの二つの著作をとおして、ＡＩ資本主義を準備した人類の過去と、それがもたらす未来像というビッグ・ヒストリーを見てきました。この章では、そもそもの資本主義を胚胎した近代から現代に至る歴史に焦点を当てます。そこから、資本主義の論理が現在行きづまっていることを示し、そのことがＡＩ資本主義にどのような課題を突きつけているのかを考えてみます。

　具体的には、ウォーラーステイン『ヨーロッパ的普遍主義』を取りあげ、西洋世界が近代以降、非西洋世界に対していかなるレトリック（修辞）を駆使して、自らの支配的立場を維持し続けてきたのかについて見ていくことにします。

　本章のキーワードは「普遍主義」。「普遍主義」とは、個別的なものよりも、すべてに共通する普遍的な価値を優先しようという立場です。ウォーラーステインが使用している「ヨーロッパ的普遍主義」という用語はこの定義からすると少し変ですね。なぜかと言うと、すべてに共通しているはずの「普遍」をヨーロッパという特定地域につなげているからです。本来の「普遍」なら、ヨーロッパであろうと、日本であろうと、その他どこの地域から発したものであろうとも差はないはずです。

ウォーラーステインの意図は、「ヨーロッパ的」という括りをあえて付すことで、自らが生み出したさまざまな価値観を、世界に対して「これこそ普遍的な価値観なのだ」と主張していく、そのような近代西洋のあり方を告発することにありました。つまり、イエス・キリストの教えであったり、人権思想であったり、民主主義であったり、合理的に説明できることだけを真理と見なす科学主義（自然主義）であったり、これら西洋がつくり出した価値観こそ、人類全体に共通して通用する普遍的な考えなのだという「思い込み」のことを「ヨーロッパ的普遍主義」と命名したということになります。

日本人を勇気づけた『文明の生態史観』

幕末から明治維新にかけて、日本人が西洋に見たものはまさにこの「ヨーロッパ的普遍主義」でした。しかもそれは、レトリックだけではなく、強大な軍事力に後押しされたものだったのです。第二次世界大戦後の日本も同様。アメリカ軍に原爆を落とされ、焦土となった終戦直後の日本人は、西洋に対する劣等感の塊でした。アメリカン・デモクラシーはすばらしい、それに比べて戦前の軍国主義日本は何と遅れた国だったか、と多くの国民が自信喪失していた。ここでアメリカが日本に持ち込んだ思想は、まさに「ヨーロッパ的普遍主義」そのものであったと言えるでしょう。ここで使われている「ヨーロッパ」という言葉がアメリカも含む西洋世界全体を指すことは言うまでもありません。

しかし、終戦直後の日本人のなかには、全く「ヨーロッパ的普遍主義」などに毒されていない、独立心旺盛な知識人もいたのです。そのうちの一人が梅棹忠夫。私は、彼の『文明の生態史観』をはじめて読んだとき、世界を鳥瞰する著者の慧眼《けいがん》にいたく感動したことを鮮明に覚えています。

そこで、『ヨーロッパ的普遍主義』の議論に入る前に、まず、『文明の生態史観』を紹介しておきましょう。というのも、同書を検討することで「ヨーロッパ的普遍主義」の輪郭がより明確になるからです。

同書の根幹をなす論文が発表されたのは、なんと一九五七年。敗戦からまだ一二年しか経っていません。私は当時一五歳でしたが、記憶しているかぎりでは、その頃の日本人は完全に自信喪失に陥っていました。戦前の軍国主義に対しては一億総懺悔《そうざんげ》。欧米、特にアメリカに対する劣等感が強く、日本は遅れているとみなが思っていた。戦後の貧困にあえいでいた日本人にとって、アメリカの物質的豊かさはまさに理想の世界そのもの。一九五〇年に勃発した朝鮮戦争の特需によって日本の工業が少し息を吹き返したという明るい材料こそありましたが、まだ高度成長の前で、その恩恵が一般庶民にまであまねく行きわたっているとは言えない状況だったのです。

　自信喪失の状況の最中に、梅棹忠夫という三〇代後半の新進気鋭の生態学者・民族学者・人類学者が登場して、日本人からすると胸のすくような論文を雑誌『中央公論』に発表したのです。その趣旨は、日本と西ヨーロッパは生態学的に見るとまったく同じような条件のもとで今日まで歩んできたのであって、どちらが遅れているとか進んでいるとかいった優劣は全くない、生態学に基づいた歴史観（生態史観）によれば、両者の歩んできた道のりは歴史的に見て同時進行だったという内容です。まさに西洋は東洋より進んでいるといった従来の二項対立的な世界観を一新し、ユーラシア大陸全体を生態学的な観点から大局的に把握し直す画期的な論考でした。

　この指摘は当時の日本人にとってはまさに青天の霹靂《へきれき》だった。敗戦後、悲嘆に暮れて劣等感の塊になっていた日本人がほとんどだったなか、一歩引いてユーラシア大陸の生態を冷静に調べてみると、「日本が西洋に比べて遅れているなどありえない」ということだったのですから。

生活様式の遷移を明らかにする

梅棹がこの論文を書くきっかけになったのは、一九五五年、京都大学が組織した大規模な学術調査団の一員として、アフガニスタン、パキスタン、インドを訪れたことでした。当時は日本と西洋はどう異なるかという議論が主流でしたが、学術調査をとおして彼は、そこには地理的に両者のあいだに存在するインドなどの〝中洋〟に対する議論がすっぽり抜けていることに気づきます。そこで梅棹は、単純に日本と西洋を比較するのではなく、日本文化をユーラシア大陸全体のなかに位置づけて、その特徴を探るという仕事に着手しました。

そこで採られたのは、日本文化がどのような条件のもとでどう変化し、現在の姿になったのかを明らかにするという手法です。これは生態学の応用です。キーワードは「サクセッション」、すなわち「遷移《せんい》」です。遷移とは、主体と環境の相互干渉の結果、生活様式が変遷すること。梅棹は、遷移は進化とは異なるとしてこう述べています。

進化ということばは、いかにも血統的・系譜的である。それはわたしの本意ではない。わたしの意図するところは、共同体の生活様式の変化である。それなら、生態学でいうところの遷移（サクセッション）である。進化はたとえだが、サクセッションはたとえではない。サクセッション理論が、動物・植物の自然共同体の歴史を、ある程度法則的につかむことに成功したように、人間共同体の歴史もまた、サクセッション理論をモデルにとることによって、ある程度は法則的につかめるようにならないだろうか。

（『文明の生態史観』、一一九ページ）

これは第一章で紹介した、文明史を自然界と人間界の相互干渉の歴史として捉えるという視点とよく似た考え方だと言えるでしょう。しかし異なるところもある。梅棹が主張しているのは、地域ごとに気候や自然環境が違うのだから、人間界との相互干渉の形も地域によって異なる。そのためサクセッションの様相も地域によって違っていて、だからこそ異なる文明が誕生したということです。

第一地域と第二地域

梅棹は異なる文明を生み出す地域の特性を探るために、第一地域と第二地域という分類を導入しました。第一地域とは、ユーラシア大陸の東西の端にそれぞれ位置する地域、すなわち日本と西ヨーロッパです。第二地域とは、そのあいだにある残りのすべての地域、すなわち、中国やロシア、中央アジアやイスラム諸国、インドなどを指します。梅棹は両者の違いを端的にこう記しています。

第一地域の特徴は、その生活様式が高度の近代文明であることであり、第二地域の特徴は、そうでないことである。（前掲書、一〇七―一〇八ページ）

では、なぜこのような違いが生じたのか。梅棹は、ユーラシア大陸の中央に広がる巨大な乾燥地帯が、この大陸の歴史のコアになっているという論を展開します。

砂漠、オアシス、ステップなどの乾燥地帯では、近代に至るまでは遊牧騎馬民族がたいへんな力を持っていました。匈奴《きょうど》、モンゴル、ツングース、韃靼《だったん》人などの暴力、破壊力はすさまじく、その周辺地域の国々はいつ彼らが怒濤のごとく攻めてくるかわからないという緊迫した状況に置かれていた。このユーラシア大陸中央に位置する乾燥地帯には準乾燥地帯が隣接していましたが、そこにあったのが、中国、ロシア、インド、トルコの四大帝国です。これらの帝国はいつ襲ってくるかもしれない暴力的な騎馬民族の襲撃に対して、ただちに反撃に出られるような機動的な政治体制のもと、万里の長城を築くなど、万全の備えをしておく必要がありました。そしてそのさらに外側にあったのが第一地域、すなわち日本と西ヨーロッパでした。梅棹は、この配置が後の歴史に決定的な影響を与えたと考えたのです（図2）。

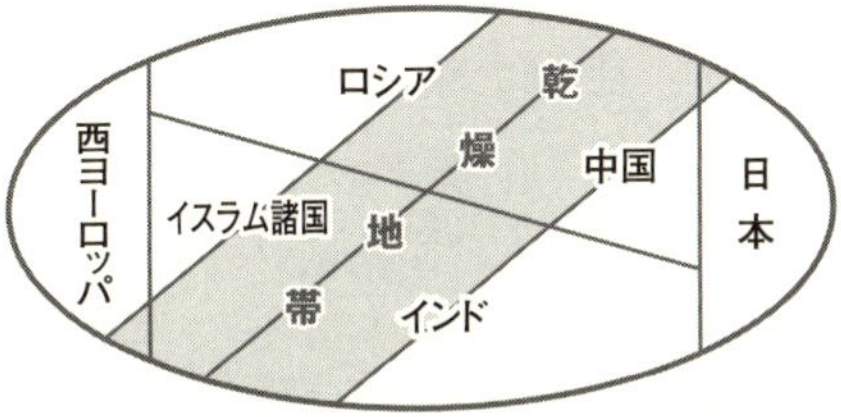

図2　梅棹忠夫『文明の生態史観』をもとに作図

というのも、この四つの帝国が結果的に、第一地域にとっては、遊牧騎馬民族襲撃に対するきわめて有効なバッファー、つまり、防波堤となったからです。

日本や西ヨーロッパが、ユーラシア大陸乾燥地帯の遊牧騎馬民族の暴力の被害を受けたのは、きわめて例外的な出来事でした。たとえばヨーロッパでは、一二四一年にポーランド・ドイツ連合とバイダル（チンギスハンの孫）率いるモンゴル帝国軍のあいだで行われたワールシュタット（Wahlstatt はドイツ語で「死体の山」）の戦いで、文字通りドイツ連合は惨敗、大惨事となりました。日本の場合は、一三世紀に蒙古が北九州に襲来したことはありましたが、決定的な打撃は受けなかった。

他方、中国など準乾燥地帯の帝国では、遊牧騎馬民族との接点がはるかに大きく、常にその脅威に直面していたわけです。それどころか、中国では、元や清国など、騎馬民族による王朝交代さえも起こりました。そうなると当然、その地域では脅威に常に対応できるような政治・社会の体制をつくっておかなければなりません。すなわち専制君主制です。そうしないといざというときに迅速に兵力を動員できないからです。

第一地域にも古代、君主制はありましたが、そのあとに長い中世の封建制時代が続きました。地方分権という形をとるのが封建制の特徴ですが、比較的のんびりとした封建制が可能だったのは、騎馬民族による暴力的襲撃の脅威がなかったからです。これが第一地域に属する国々の明確な共通点であると梅棹は指摘します。長くのんびりとした封建制を経験することによって、個人としての意識が芽生え、市民革命を経て近代化が達成されますが、市民革命が可能になったのは、その時点で個人としての意識の醸成を経験したブルジョワ層がある程度育っていたということになります。

梅棹はこう言います。

第一地域の各地方で、封建制の平行現象があったとみとめると、その応用問題として、封建時代あるいはその前後に、いろいろな社会現象について、第一地域内での平行現象をひろいだすことができる。たとえば、宗教改革のような現象。中世における庶民宗教の成立。それから、市民というものがあらわれはじめる。ギルドの形成。一連の自由都市群の発展。海外貿易。農民戦争。みんな、日本にも西ヨーロッパにもあったことだ。（前掲書、一一六ページ）

封建体制がブルジョワを養成した。つまり、封建制が近代化を準備したのです。日本では、江戸時代に町人文化が栄え、多数の中間層が生まれていた。それに対して、第二地域の社会は封建制を経験することができなかった。常に、騎馬民族からの奇襲に備えるため、専制君主制を敷いておく必要があったからです。

現代にも生きる第二地域のＤＮＡ

この分析は、今日の政治経済の状況と照らし合わせてみても示唆に富むものです。というのも、世界的に人権や民主主義の思想が浸透した二一世紀においてもなお、中国やロシアといった国々には民主化がなじまないように見えるからです。

中国が経済発展に向けて舵をとり始めたとき、多くの人は、経済発展で生活水準が上がれば人権意識も強くなり中国も民主化する、と予測しました。ところが、今日に至ってもなおその兆候は見えず、むしろ独裁化のほうが傾向として強くなっている。もちろん一部に運動家はいますが、全体として見ると、習近平のリーダーシップのもと、より強固な独裁体制が構築されつつあります。

ロシアも同じです。ソ連時代の末期に、ゴルバチョフがペレストロイカという政治改革をやりかけましたが、それは道半ばに終わり、いまや国民はプーチンを強く支持している。やはりプーチンのような強力な指導者がいないと、ロシアという国はやっていけない。そう民衆が信じ込んでいるかのようです。

この背景には、梅棹説のような歴史的経験の積み重ねがあるのでしょう。乾燥地帯の騎馬民族にいつ攻め込まれるかもわからない不安定な状況では、封建制によるのんきな分権政治などありえなかったように、手続きに時間がかかる民主主義などは国民の意識に合わない。強力なリーダーがどんどん決定し、実行してほしい。やはり常に強いリーダーがいて、その人の号令一下で全員が動くような体制でないと国家は存続できない。そういう意識が蓄積し、庶民のＤＮＡとして根強く残存しているのでしょう。梅棹が分析した地政学的、生態学的、歴史的な状況が、いまだに両国の人々の考え方を規定している。そう思われるのです。

しかしそうは言っても、と疑問に思う人もいるかもしれません。乾燥地帯の暴力の問題は、近代にはもう解決したのではないか。近代兵器が開発されて以降は、騎馬民族の脅威など存在しなくなったのではないか。——それは事実です。

ところが歴史的に見ると、中央乾燥地帯の暴力が弱くなったと同時に、今度は第一地域の軍事力が非常に強くなりました。西洋諸国は工業の発展を背景に武器の開発を進め、日本も明治維新を経て軍事国家になっていった。つまり、準乾燥地帯の四つの国は、近代になって内側の脅威がなくなった途端、今度は外側からの脅威にさらされるようになり、やはり中央集権的な体制を維持しなければならないという状況が続いたのです。

他成的遷移、自成的遷移

そう考えると、国によって歴史の長短があるとはいえ、第二地域の国々は常に外部からの圧力に対し、瞬時に対応できるような政治・軍事体制を整備しておかなければならなかったということになります。梅棹は、このような第二地域の歴史を「他成的遷移」と言いました。共同体外部からの圧力によって、自分たちの生活様式をサクセッションしていったという意味です。
これに対し第一地域は、緩衝地帯としての中国やロシア、インド、イスラム圏が存在したおかげで、乾燥地帯の直接的な暴力にさらされず、言ってみればのんびり生活することができました。温帯で適度な雨量があるなど、気候も良かった。だからこそ比較的長い封建時代を外的脅威にさらされることなく経験することができ、身分制などの縛りはあるものの、自分たちの生活をゆったりした時間のなかで過ごすことができたのです。

つまり、第一地域というところは、まんまと第二地域からの攻撃と破壊をまぬかれた温室みたいなところだ。その社会は、そのなかの箱いりだ。条件のよいところで、ぬくぬくとそだって、何回かの脱皮をして、今日にいたった、というのがわたしのかんがえである。（前掲書、一二六ページ）

梅棹によれば、第一地域では、その変化が共同体内部からの要請によって「自成的に」展開した。つまり「自成的遷移」を遂げた地域であると定義しています。

彼は、長い封建制が個人の意識を成熟させたと考えました。つまり、民主主義が成立する前提は、その国が封建制を経験しているかどうかにある。封建制が続いたがゆえにブルジョワが育ち、彼らが勢力を持った結果ブルジョワ革命が起き、資本主義の誕生に結びついた。そのような観点に立つと、日本と西ヨーロッパは歴史的に同時進行で現在まで来ているのだ。これが梅棹の主張でした。

戦後の日本人は、梅棹説の登場によって「そういう解釈もできるのか！」と、ずいぶん元気になったことでしょう。丸山眞男など当時の日本の知的リーダーとは全く違うアプローチでグローバルヒストリーを語ったわけです。梅棹の功績は、ヨーロッパ対アジアという図式を鮮やかに一新する視点を提供すると同時に、国民に勇気を与えたという点でも特筆すべきものがあったと思います。

それでも日本は西洋とは違った？

『文明の生態史観』はたしかに画期的な論考でした。しかしよくよく考えてみると、日本とヨーロッパが歴史的に同時進行だとはいえ、近代史を子細に見ると日本とヨーロッパは大きく異なっていた。コロンブスのアメリカ大陸到達以降のことを考えてみるならば、西洋の一人勝ちです。西洋が非西洋を征服する歴史。これが近代から現代に至る時代の特徴だと言えるでしょう。そういう見方をすると、西ヨーロッパと日本には、生態学的にはともかく、現実の国際政治力学からすると大きな違いがあったことは言うまでもありません。

西洋は決して日本と同じような歴史を歩んだわけではなく、世界の征服者として着々と富を蓄積することに成功しました。その歴史をふまえると、日本もまた封建制を経験し、したがって民主主義的な近代システムを受け入れる土壌が存在したというところまでは指摘のとおりですが、やはり、西洋の歩んだ道と日本の歩んだ道は、相当違うと言わざるをえません。

西洋は、いわゆる近代世界システムの主導者となり、彼らにとっての周辺地域を次々と征服し、富を収奪する仕組みをつくりました。それは非常に強力なもので、二一世紀の現在でもアメリカが世界の盟主であることが象徴しているように、ヨーロッパ発の勢力は依然として世界で大きな影響力を持っている。もちろん、近年は中国などの新興勢力が加わり一極集中とは言えませんが、それでも、欧米の力の名残《なごり》は色濃く残っています。もともと日本はあくまで「周辺国」だったのです。

では、なぜそのような違いが出たのか。その答えを探るヒントになるのが、イマニュエル・ウォーラーステインの『ヨーロッパ的普遍主義』です。

中央が周辺を搾取する近代世界システム

ウォーラーステインはアメリカの社会学者。「近代世界システム」の成立とその特徴をモデル化し、それをもとにこの四、五〇〇年の近代史を分析したことが主たる功績です。彼の近代世界システム論は、国ごとの歴史を見るのではなく、グローバルな視点で資本主義がどのように作動しているかを分析したもので、歴史学界に大きな影響を与えました。著書自体は大部のものが多く、かつかなり難解なので、一般読者には読みこなすのが難しいところがあります。しかし『ヨーロッパ的普遍主義』は、大学での講義をもとに書かれたということもあって、彼の著書としては読みやすい部類に入るでしょう。ぜひ手に取っていただきたいと思います。ハラリや梅棹の著書と同様、世界を見る目が豊かになる本です。

ウォーラーステインは、ヨーロッパ（のちにアメリカも含む）が世界の中心となり、その中心が周辺の非西洋地域をさまざまな形で搾取し、そこから富を収奪して世界の中心として の権力維持に成功したプロセスを、システム論として分析しました。アダム・スミスやデイヴィッド・リカードによって主張された自由貿易論は、異なる国同士がお互いに競争優位な産業に資源を集中させ、商品を生産、取引すれば、すべての国が潤うという周知の互恵的理論ですが、ウォーラーステインの見方は「中心が周辺を収奪する」のが近代世界システムだというもので、自由貿易論とは根本的に世界の見方が違います。

私たち日本人は戦後長らく、次のような歴史観で教育を受けてきました。西洋が世界の牽引役となって活躍できたのは、市民革命で基本的人権や民主主義思想を確立し、近代的な人間中心の社会を創ったからだ。日本人は遅れているからそうした価値観を学ばなければいけない、と。

ウォーラーステインはアメリカ人であるにもかかわらず、そうした見方に対して「否」を突きつけました。人権思想や民主主義自体を否定したわけではありません。しかし、西洋が非西洋世界を支配できた大きな理由の一つは、「ヨーロッパ的普遍主義」の名で表されるところの、支配を可能にするための巧妙な教義、あるいはドクトリンをつくりあげたことが大きいと彼は言うのです。ヨーロッパの近代史を無批判に見るべきではなく、それはヨーロッパが自らを征服者として、権力を有する側の人間として、それ以外の国々を統治した歴史として見るべきだとウォーラーステインは主張しています。

人類が平等であるとするならば、一方が他方を征服する権限などありえません。しかしヨーロッパは、自分たちのほうが優れているからみんな従うべきだというロジック、もしくはレトリックを、時代ごとに巧妙に使い分けてきたというのです。その姿勢とロジックを総称して、ウォーラーステインは「ヨーロッパ的普遍主義」と呼んでいるのです。

「文明が野蛮を正す」というロジック

では、ヨーロッパ的普遍主義の具体的内容に入っていきましょう。ウォーラーステインは本書で、ヨーロッパが世界支配のために、時代ごとに異なる三通りのロジックを用意したと述べています。

一つ目は、「文明が野蛮を正す」というロジックです。すなわち、カトリックの教えに従うことが唯一正しい文明なのだから、異教徒を改宗させなければならないという思想。それに抵抗するものは殲滅《せんめつ》してもよいという考え方です。

二つ目は、「オリエンタリズム」に代表される本質主義的個別主義の主張。本質主義的個別主義とは、「特定の人、文化、事物が持つ本質的な要素はいくら頑張っても変えられない」という考え方です。そしてオリエンタリズムとは、東洋はそれなりに見るべき文明を持っているとしても、西洋的な意味での近代化は、他者の手助けなしには達成できないという考え方です。

三つ目は、あらゆる現象は科学的に説明できるし、科学的に真であることを実証できることが権力の源泉だという「科学的普遍主義」の主張です。

まず、一つ目の主張ですが、この典型的な適用例としては、一六世紀にスペインが南米を征服したときに用いられたロジックが挙げられます。たとえば、インカ帝国で行われていた人身供犠（生贄《いけにえ》）について。これはインカ帝国の人からすれば、たしかに犠牲ではあるものの、世界を律し、神との関係をうまく取り持つためのコストでした。人身供犠をすることによって、帝国全体の秩序が守られる。そういう考え方だったのです。

ところがヨーロッパの価値観からすると、それはとんでもなく野蛮だということになります。人権を蹂躙《じゅうりん》していて許せない。これは正さなければいけない。こうなるわけです。そして、彼らがなぜかくも野蛮かといえば、キリスト教を知らないからだ、という結論に至り、そこからキリスト教の布教が正当化されるのです。

見ればわかるとおり、これら〔征服者の主張〕は、この後、近代世界の「文明化された」者が「非文明的」地域に「干渉」する際、それを正当化するのにつねに用いてきた四つの基本的主張そのもの――当該の他者の野蛮性、普遍的価値に反する実践の根絶、残虐な他者のなかにおかれた罪のないひとびとの防衛、普遍的価値の普及を可能ならしめること――である。しかし、言うまでもなく、そういった干渉は、そうするだけの政治的／軍事的なパワーを持っているものが存在する場合にのみ、実行可能である。（『ヨーロッパ的普遍主義』山下範久訳、二七―二八ページ）

当時、強大なパワーを持っていたスペインが南米に進出した最大の目的は、そこに豊富に埋蔵されていた金・銀・銅をわがものとすることでした。一六世紀、世界貿易の決済手段は銀でした。ヨーロッパは、中国やインドで産出される胡椒《こしょう》や絹織物などの贅沢品を手に入れたくて仕方がなかった。しかしお金が足りない。それが、アメリカ大陸に埋蔵されている大量の金・銀・銅をタダ同然で手に入れたことで、好きなだけ贅沢品が買えるようになった。それを可能にしたのが、「文明が野蛮を正す」というロジックでした。

イラク戦争の論理

以上を、現代のケースに応用してみましょう。

人権、民主主義、キリスト教という価値観の押しつけは、実は今日でも生きています。二〇〇三年に始まったイラク戦争のことを思い出してください。あのときアメリカは、イラクはフセイン政権による独裁政治で人民は虐げられている、しかも大量破壊兵器を隠している、そう言いがかりをつけてイラクに侵攻しました。国連の賛同がなかったにもかかわらず、そうした思い込みを掲げてイラクを攻撃し、大量の犠牲者を出したのです。イラクに大量破壊兵器がなかったことはその後判明しました。しかし、アメリカはそれを謝罪しなかった。

それだけではありません。イラク戦争でフセイン政権は崩壊しましたが、その結果イラクという国は良くなったのか。いろいろな見方があるとは思いますが、いまのところ状況が改善したとは決して言えないでしょう。フセイン政権が倒れてイラクはむしろ無秩序となり、犯罪が増え、テロリストの巣窟《そうくつ》になりました。これはやはり、ヨーロッパ的普遍主義の明確な失敗の一つだと思います。フセイン政権に問題があったことを認めるとしても、イラクの人たちからすれば、なんと余計なことをしてくれたのかと言いたいところでしょう。世界中の多くの人たちもそう感じていると思います。

「生贄」のような野蛮な制度は人権にもとる、だからインカ帝国を滅ぼす。独裁者が人々を苦しめている、だからイラクに侵攻する。ロジックの構成は、実はあまり変わっていません。「生贄」はたしかに野蛮に見えるかもしれない。しかし、それはインカ帝国を統治するうえでおそらく不可欠な制度だったに違いありません。ヨーロッパでも、十字軍遠征でイスラム教徒を虐殺したり、魔女狩りを行ったり、「生贄」に勝るとも劣らない野蛮な行為が横行していましたから、「生贄」のような野蛮な風習を持つ国は滅ぼしてもよいというのは間違いなく言いがかりにすぎなかったのではないでしょうか。

インカ帝国を支配しようとしたとき、スペインのなかにもそれはいかにして正当化されるのかという大論争がありました。その内容はウォーラーステインの本でもくわしく紹介されています。しかし結局、インカ帝国はあっという間に滅ぼされてしまった。同様のロジックをもってその後、イギリスなどが北米に進出し、ネイティブアメリカンから土地を奪っていくことになったのです。

「東洋は西洋になりえない」――本質主義的個別主義

一八世紀になると、ヨーロッパは中国、インド、ペルシア、オスマン帝国などのいわゆる「高度文明」と接触するようになりました。こうした国々は、インカ帝国とは異なり、すでに高度な文明を持っていました。ちなみに、一八世紀の中国は、ヨーロッパよりも所得水準が高く、すばらしい陶磁器や絹織物などは、ヨーロッパの人々にとっては憧《あこが》れの的だったと言われています。

これら〔中国、インド、ペルシア、オスマン帝国など〕はすべて、ある時期に、大規模な官僚制——普通は「帝国」と呼ばれるような組織——を構築した地域である。これらの世界＝帝国にはそれぞれ、共通語——文語の様式と、その様式で書かれた文献の蓄積をそなえた帝国内の国際語——があった。またそれらの帝国はそれぞれ、その地域の全域にわたって広まっている大宗教が支配的であった。そしてそれらの帝国はそれぞれ、かなりの富の蓄積を有していた。（前掲書、七〇ページ）

ここでは、文明が野蛮を正すというようなロジックは明らかに無理があります。しかしヨーロッパの帝国主義的な進出はもはや止められない。そこでヨーロッパが次に持ち出してきたのが、「本質主義的個別主義」というものです。

本質主義的個別主義とはすでに述べたように、物事にはすべて本質というものがあり、その本質は物事それぞれに固有のものであって変えられない、とする考え方のことでした。彼らはこう考えたのです。

たしかにインドの文明はすばらしい。中国の文明もたいへん立派だ。ヨーロッパにないものを数多く持っている。しかし、人権や民主主義を実現して近代的世界を達成するには、何かしら本質的に不具合があるようだ。ならば、どうすればよいのか。

ヨーロッパ文明——それは本来的に進歩的だとされた——とはちがって、他の高度文明はその発展の軌跡のどこかで〔進歩が〕凍結してしまい、したがって外部の力による（つまりヨーロッパによる）指導がなければ、どのみち近代へと自己を変革していくことはできないにちがいない……。（前掲書、七四ページ）

こうして、東洋世界を自分たちから見た「東洋《オリエント》」として都合よく規定する「オリエンタリズム」の考え方が生まれることになったのです。

ここから、西洋こそが近代や人権、民主主義の意義を東洋の人々に教え、指導していく義務があるということになった。それを口実にヨーロッパはインドを植民地化し、中国にも競って進出していきました。このように、一八〜二〇世紀前半に進められた植民地政策においては、ヨーロッパは新大陸侵攻のときとは違うロジックを用意していたのです。幕末日本を訪れたペリーや、日本進出を狙っていた英仏両国なども基本的には同じロジックを用意していたのではないでしょうか。

私は、オリエンタリズムについて知ることは、西洋的な見方に偏らないで世界の近代史を理解することにつながると考えます。エドワード・サイード『オリエンタリズム』は、この点、支配する側に立つ西洋と支配される側の非西洋のあいだにある非対称な政治的、文化的関係を鋭く指摘した基礎的な文献です。

非西洋地域への侵攻の結果、西洋と同じような近代がそこで達成されたのかというと、ことはそう単純ではありません。植民地化された国々のエリートたちのなかには、自分たちにも西洋と同じような社会をつくることができ、よって世界は均一になっていくと期待した人もいました。ところが西洋近代の思想に触れ、自分たちもそれに従えば同じようになれるのか思いきや、それは実現しなかった。なぜなら、主人公はあくまでヨーロッパだからです。

ヨーロッパには、自らの特権的な立場を放棄し、どの民族も平等な世界をつくる気などさらさらなかった。彼らは収奪のために、そのようなロジックを使ったにすぎなかったからです。

科学こそ真理到達の手段

しかし、第二次世界大戦が終わると、世界の状況が変わっていきます。民族自決主義が広がり、ヨーロッパから見て「周辺」だった国々が「中心」に近づき始めました。戦勝国として覇権を握るようになったアメリカが、フィリピンの独立後は、植民地を持っていなかったこともあって、植民地主義は国際的に認められなくなったのです。その結果、植民地は徐々に独立を遂げ、多くの有力な新興国が登場することになりました。

こうなると、ヨーロッパの優位性を思想的に担保するにはどうすればよいのか。文明が野蛮を制するという論理も、本質主義的個別主義にも限界が来た。そこで三番目に打ち出されたのが、科学的普遍主義でした。

ウォーラーステインによれば、オリエンタリズムすなわち本質主義的個別主義とは基本的に人文学に依《よ》って立つ主張です。東洋は近代化できないという主張に科学的な根拠はなく、その理由は主に文化的な偏見に求められており、人文学者たちがそのような考え方を形成するうえで、主導権を握っていました。彼らは、オリエントの世界はいかにわれわれの文化と異なるのか、いかにわれわれの導きを必要としているかについて膨大な文献をつくりました。そのなかには、小説も含まれます。物語に登場するオリエントの人たちは文化的に「野蛮」なステレオタイプとして描かれ、そこからオリエントが劣っていることがさりげなく印象づけられるのです。

それが第二次世界大戦後になると、科学者たちが推し進める科学的普遍主義に取って代わられます。科学的普遍主義とは「あらゆる時点において、あらゆる現象を支配する客観的法則が存在する」とする考え方です。主観で判断するのではなく、その客観的法則を科学的に解き明かすことが重要である。そのようにして唯一の真理を追究し得た人がそれに見合う報酬を得るべきであり、支配者になるべきだという論理です。

私の考えでは、科学的普遍主義は狭義の「科学」に限られるものではありません。たとえば、経済の分野における新自由主義です。新自由主義は、自由市場が生み出す均衡には科学的真理性があり、それに従って行動する以外に選択肢はないとする考え方です。市場の効率性というものは科学的に構築された論理に基づいて証明されている。それを覆すことはできない。だから世界は自由貿易を進めるべきだ、ということで、覇権国アメリカは世界の国々に貿易の規制撤廃を進めさせました。理論上は、そうすればお互いのメリットになるとされていたのですが、現実には、少なくとも短期的には、自由競争で最大のメリットを得るのは経済大国です。

別の言い方をすれば、だからこそ、自由貿易を支持し推進するのは、常に経済的に強いとされる国々に限られるのです。一九世紀半ば、産業革命を成功させた大英帝国しかり、第二次世界大戦後のアメリカしかりです。しかし第一章でも述べたとおり、最近はトランプ大統領が保護主義に走り、イギリスもEU離脱を決めました。そして、何と、社会主義国である中国が、自由貿易の守護神であるかのような言辞を弄しています。経済覇権国が代わったということなのでしょう。時代は大きく変化していると言わざるをえません。

真善美のパワーバランス

科学的普遍主義の台頭についてのウォーラーステインの指摘で興味深いのは、古代ギリシャの哲学者が唱えた理想である「真善美」のうち、何を重要視するかのバランスが時代とともに変わってきたということです。かつて人文学者たちが力を持っていたオリエンタリズムの時代には、彼らのフィールドである善と美が重視されました。何が善で何が美かという価値判断が重要であり、そこに科学的根拠は問われなかった。
ところが戦後は形勢が変わり、「近代世界システムが機能するには、新しい、そして複雑で高価な技術が中心的重要性を帯びるようになり、そのおかげで、科学者は人文学者をおおきくリードすることになった」（前掲書、一二五ページ）。ウォーラーステインはこう言います。

科学者は、真理主張の正統性における優先権――社会の目からみれば、真理主張の正統性に対する排他的な支配――を与えられた。人文学的知識に携わる者たちは、大半の場合、そこで争うことはやめてそれを譲り、善および美とはなにかを決定しようとする者たち――ただそれだけの者たち――の隔離地域《ゲットー》に入ることを受け入れた。これは、単なる認識論的分割ではなく、正真正銘の分離であった。世界の歴史において、それは真の追求と善および美の追求とのあいだにこれほど鋭い分離が行われたことは、それまで一度もなかった。（同前）

そして、このことは逆に、科学者は何が善であり、何が美であるといった価値判断にはコミットしない、価値中立的なスタンスで研究をするのが科学者の仕事である、という立場が鮮明になったことも意味しています。しかし、科学者が価値中立的でなければいけないというのも一つの価値観にすぎません。科学研究を後押しするのは政治家や企業であり、いわば「儲かる」分野に研究資金は集中します。科学者が研究結果について個人としてなんら価値判断をしなくても、どのような分野に資金が集中するかによって、どのような研究が重視されるかが決まります。それがひいては、社会の動きを決めていくということになります。原子力発電はリスクが大きいとなっても、そこに利潤期待があるかぎり、それを廃止することは容易ではありません。

科学的普遍主義のポイントは、科学的真理に到達する能力のある者が権力を握り、それを維持できるという点にあります。では、誰が科学的真理に接近する力を持っているのか。それは豊かな国です。二〇世紀後半から今日に至る歴史においては、アメリカが特にそうした能力を持つ人材を吸引する力を誇り、科学的普遍主義によるメリットを大いに享受してきたのです。

「合理的個人」という前提が崩れてきた

いま、世界を見渡してみると、実に多くの言説がヨーロッパ的普遍主義の価値観から生まれていることに気づくことでしょう。たとえば、すでに述べたとおり経済学。これは「合理的個人」という人間観を前提にしています。経済学は、自由意志を持った独立した個人（ホモ・エコノミクス）が、自分の効用（満足度）が最大になるよう合理的に経済行動をするという前提をベースに成り立っている。人間は一人ひとりが独立した自由意志を持った個人であるというわけです。これは、「個人の自由意志こそすべてに優先する最高の価値である」という西洋的な価値観です。

しかしもちろん別の価値観もあります。独立した個人などは存在しない。人間は生まれたときから特定の共同体に属し、親、きょうだい、親戚、友人などから多様な価値観を植えつけられて成長していく。だから自分が育ったコミュニティが持っているさまざまな文化や価値観から独立した個人などいない、という考え方もあるわけです。

ところが、経済学が前提とする人間像はコミュニティとのかかわりなど一切関係がなく、個人として独立した価値観を持っていることになっています。その個人が自由意志をもって市場に出かけ、経済活動をし、また、投票所に行って政治的意思を表明する。個人の独立性が大前提です。人間は現実には、独立した存在であるどころか、他者と密接な相互依存関係を持ち、互いに影響を与え合っている。しかし、それを受け入れてしまうと人間の経済活動はきわめて複雑なものとなり、数学的なモデル化ができません。逆に言えば、個人の独立性を前提にしたからこそ、近代経済学のきわめて精緻な理論体系ができあがったと言うべきでしょう。

私のハーバード大学における恩師であるケネス・アロー教授は、このことをセミナーで議論していたとき、「もし、すべての人が自分以外のすべての人の意見に左右されて行動するとしたら、いったい、誰が意志決定をするのかわからなくなる」と話したことがありました。誰でも、他人のことを考え、他人から影響を受けながら意志決定しているのが現実だとしても、個人の独立性を前提にしないかぎり、経済理論は破綻してしまう、という意味です。もう五〇年近くも前の話です。

しかし、いまや行動経済学や実験経済学などの研究は、自律的個人という前提自体を疑うことからスタートしています。数十年前にはタブーだった「合理的個人」の前提を崩すことで、今後の経済学はおそらく大きく変わっていくと期待できます。なお、最新の経済学研究の状況については、第二章でも紹介した瀧澤弘和の『現代経済学』がお薦めです。

心理学や哲学の分野でも、理性的で合理的な自律的個人という前提を覆すような研究が進んでいるようです。たとえば「心はどこにあるか」と聞かれると、たいていの人は個人の脳のなかだと思うでしょう。ところが、実は心は脳・身体・環境の相互作用で形成されていく、というのが現時点では有力な考え方のようです。つまり、心とは個人的なものではなく、周囲の環境にまで拡張したもの。人間の内面は、他人や自分の周囲に配置されている人工物との関係性にダイレクトに影響を受けることで築かれていく、ということです。この点に興味のある人は、ダニエル・デネット『心はどこにあるのか』や、アンディ・クラーク『現れる存在』などを参照してください。

近代世界システムの崩壊

さて今日、近代世界システムは歴史的にどのような状況にあるのでしょうか。ウォーラーステインの定義によれば、近代世界システムとは中心が周辺を収奪するシステムでした。しかしいまや、周辺というものがなくなってきている。これは第五章で述べる結論にもつながっていくことですが、つまり、ウォーラーステインの主張した近代世界システムは崩壊の一途をたどっている。それとともに、ヨーロッパ的普遍主義というものも根拠がなくなってきている。これが今日の状況です。

近代世界システムはなぜ機能しなくなったのか。その理由として、前にも触れたように、民族解放や植民地の独立など、第二次世界大戦後にさまざまな形で非西洋世界の人たちの発言力が高まってきたことがあるでしょう。

その極めつきとして、私がとりわけ象徴的だと思うのは石油ショックです。大戦前の植民地時代のモデルだと、先進国は石油をはじめ鉄鉱石やゴムなどの原材料を、植民地からタダ同然の安い値段で供給させることができました。その原材料を、工業力のある本国で付加価値のある製品につくり変え、世界中にばら撒いた。原材料価格と製品価格の差が利益となります。先進国は工業製品を生産して世界に販売する。植民地の産業は石油や鉄鉱石、サトウキビやゴムなどの一次産品に特化しました（いわゆるモノカルチャー経済）。こういう構造で先進国は莫大な利益を上げたわけです。まさにウォーラーステインの言う、中心が周辺を収奪するシステムそのものでした。

それが、戦後だんだんと非西洋世界の発言力が増すなかで、中東などの産油国が石油の価格と供給量を自分たちで決定することを目的にＯＰＥＣ（石油輸出国機構）を結成しました。そして、石油を輸入する先進国に対しその団結力が爆発したのが、一九七三年の石油ショックだったのです。このとき石油価格は約四倍になり、供給量の制限も行われた。これが起爆剤となり、以後、これほどの規模ではないにしてもさまざまな分野で原材料や農

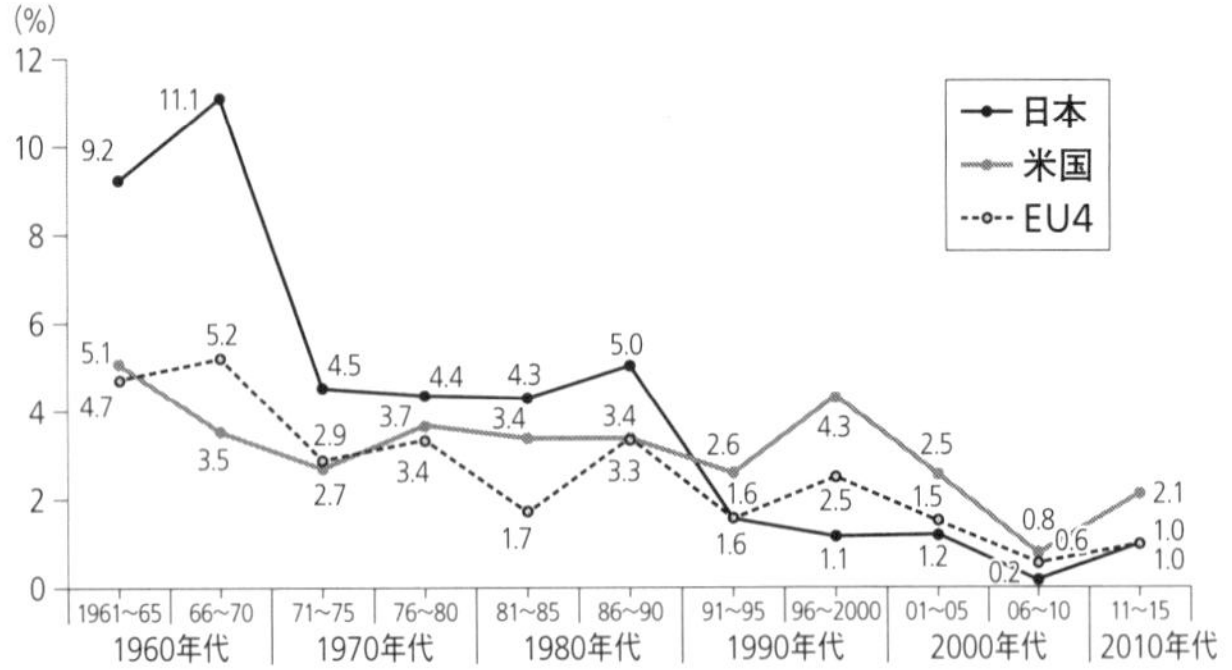

年代ごとの経済成長率は各年の成長率（実質GDP対前年増減率）の単純平均である。
EU4カ国はイギリス、ドイツ（1990年までは西ドイツ）、フランス、イタリア。
出典：世界銀行WDI Online 2015年1月30日（90年までの西ドイツはOECD資料、
2001年以降はIMF World Economic Outlook Database, October 2016）、内閣府（日本）より。

図3　低下し続ける先進国の経済成長率（「社会実情データ図録」http://honkawa2.sakura.ne.jp/4500.html をもとに作成）

産物など一次産品の価格が高騰しました。他方、中国や東欧諸国などの社会主義国がグローバル経済に本格的に参入し、工業化を進めたため、世界市場における製品価格は急激に低下しました。

その結果、製品価格と原材料価格の差がどんどん小さくなっていった。経済学の用語で言えば、輸出価格指数と輸入価格指数の比率で示される「交易条件」がどんどん低下するということです。これはつまり、先進国の利潤率の低下を意味します。そのプロセスはいまなお継続中です。

こうして、先進諸国の経済成長率が明確に鈍化し始めたのです（図3）。資本主義は行き詰まった、成長は期待できない、と言われていますが、その根本的な原因は、原材料を供給してきた非西洋諸国のパワーアップです。あるいは、低い労働コストを武器に、商品価格の劇的な低下を実現することで先進国に追いつこうとしている新興国の存在です。そういうわけで、ここ三〇年ほどは製品価格自体が大幅に低下すると同時に原材料価格もアップし続け、ますます収益率は落ちていきました。

自由貿易の行き詰まり

こうして世界を見てみると、先進国が途上国を収奪するという近代世界システムは、ほとんど潰《つい》えてしまったと言えるでしょう。そしてこのことが、近代世界システムを引き継いで登場したAI資本主義にも影を投げかけています。

科学的普遍主義のバリエーションの一つとして、新自由主義の話をしました。経済学においては、自由貿易をすれば比較優位の原則が働き、双方の貿易国の生活水準は上がるとされます。その結果、自由貿易によって世界のGDPは最大になるというのが経済学の理論ですが、ここまで何度か述べたとおり、現在進行しているのはトランプ大統領による保護主義であり、イギリスのEU離脱です。つまり先進国によるグローバリゼーション反対の動きです。

第一章でも触れましたが、中国の習近平国家主席が、保護主義を掲げて大統領になったトランプに対し、「アメリカが保護主義になっては困る、われわれは自由主義で行く」と発言したことは、まさに時代の転換点を告げる出来事でした。つまり科学的普遍主義の名のもとに、自由市場が大切だ、自由貿易こそ世界を豊かにするのだと言ってきた当の先進国が、いまやそのマイナス面を認め、方向転換をせざるをえなくなったことがはっきりしたからです。

自由貿易のメリットが先進国に対して少なく、途上国に対して大きいことは、世界の人々の所得成長の推移にも表れています。**図4**は、ブランコ・ミラノヴィッチという経済学者が発表した図で、グラフの右端が象の長い鼻のように見えるところから「エレファント・チャート」と呼ばれるものですが、世界各国のさまざまな所得分布にいる人たちが、一九八八〜二〇〇八年の二〇年間に実質所得が何%上がったかを示したものです。

三つポイントがあるので見てみましょう。図中、Aは、この二〇年間で所得の伸び率が最も高かった層です。所得の額で言えば世界平均より少し上、ここにいるのは主に中国など新興国の中間層です。彼らの所得がこの二〇年でいちばん上がりました。伸び率が最も

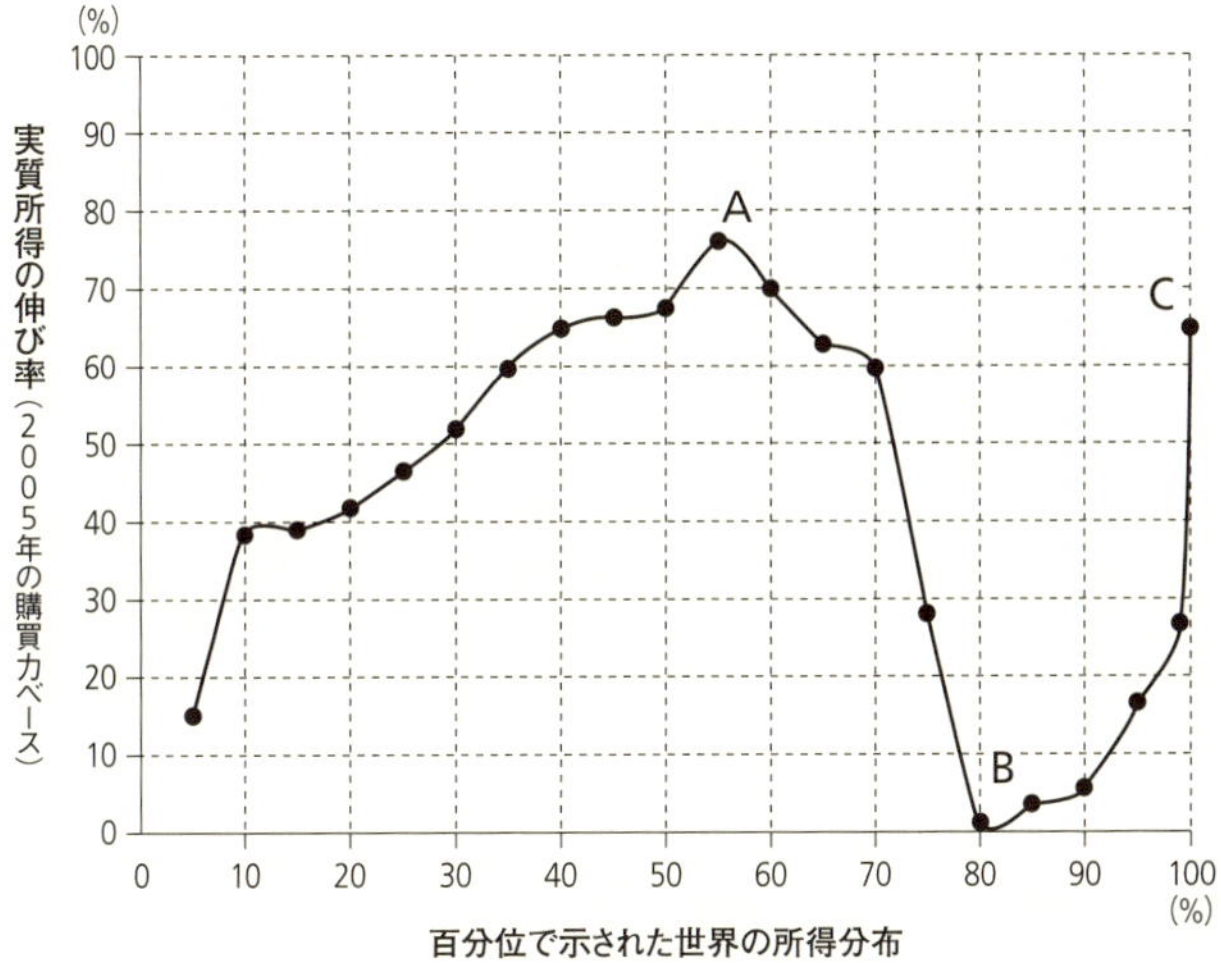

図4　世界の所得別に見た実質所得の伸び率（1988〜2008）（Branko Milanovic "Elephant Chart", *Global Inequality: A New Approach for the Age of Globalization*. Belknap Press. 2016）

低いのがBです。ほぼゼロに近い。ここにいるのは、アメリカや日本など先進国のいわゆる中流下位層です。世界平均で言えば所得額は上位なのですが、先進国内の平均よりは所得が低い層の所得は、この二〇年でほとんど伸びなかった。Cは、先進国の高額所得者層です。アメリカの低所得層の所得は増えなかった一方、富裕層の所得は大幅に伸びているわけです。

このグラフを見てもわかるように、中国のような新興国にはグローバリゼーションのメリットが非常に大きかった。ところがBに位置するような先進国の中流下位層は大いに割を食った。だからこそ、ここにいる人たちはトランプを支持し、イギリスのＥＵ離脱を支持したわけです。
エレファント・チャートの形が変わらないかぎり、アメリカ低所得者層の不満は続くでしょう。だとすれば、「トランプ大統領の再選はない」とは断言できません。このような眼で、トランプ現象やイギリスのＥＵ離脱を分析してみることも必要ではないでしょうか。

「普遍的普遍主義」の可能性

では、世界はこれからどこへ向かうべきなのか。崩壊しつつあるヨーロッパ的普遍主義に、ウォーラーステインが対置するのは「普遍的普遍主義」です。

今日、われわれの前にある問題は、いかにしてヨーロッパ的普遍主義――既存の世界秩序を正当化しようとする、道理に反した言説の極致――を乗り越え、もっとずっと達成が困難なもの、すなわち普遍的普遍主義を目指すかということである。普遍的普遍主義は、社会的現実を本質主義的に性格規定することを拒否し、普遍的なものと個別的なものをともに歴史化し、いわゆる科学的な認識論と人文学的な認識論を単一

の認識論に再統合するものである。（前掲書、一五四ページ）

ウォーラーステインが認めるように、普遍的普遍主義を達成することはかなり困難なことでしょう。彼はこの後、これより少し具体的な形で、普遍的普遍主義のあり方の可能性について述べています。

ヨーロッパ的普遍主義にかわるものとしては、普遍主義の多元性が可能性としてあげられよう。それは、〔いくつもの〕普遍的普遍主義のネットワークのようなものである。……われわれがそこに必ずたどりつくという保証はまったくない。これは、今後二十年から五十年にわたる闘争である。（前掲書、一六二―一六三ページ）

いくつもの普遍主義のネットワーク。なかなか理解するのが難しい概念ですが、一言でいえば、普遍的なるものはヨーロッパに限定されるものではなく、その他の地域や国家にもあまねく存在しているはずであり、それらを相互に尊重し合い、つなげていくことでできあがるネットワークということです。多元的普遍主義とも呼べるそれは、どのようにすればできるものなのか、現実的にどのような制度をつくればそれぞれの普遍性が活かせるのか、そのメカニズムのところまでは、ウォーラーステインは言及していません。これはまさに今後の課題、これから探るべきテーマでしょう。ウォーラーステインの問いかけを受けて、最後の第五章でＡＩ資本主義を軌道修正する方向、すなわち多元的な普遍主義のあり方について、私なりの考えを述べてみたいと思いますが、その前に自然と人間の関係に再び焦点を当てて、ＡＩ資本主義の限界点を探ってゆきましょう。

第四章　自然の逆襲

――『人新世とは何か』から「ＡＩ資本主義の限界点」を探る

ここまでの三つの章では、人類は認知革命で可能になった想像上の虚構をもって文明を発展させてきたこと、ＡＩと生命科学の飛躍的発展に直面した人類が今後どのような問題を抱えることになるのかという点、近代に入ってからはヨーロッパ主導のもとでヨーロッパ的な資本主義世界が創りあげられたこと、そしてそれが現在、どういう点で矛盾に直面しているかということをお話ししてきました。

この章で取りあげるのは、再び「自然と人間との関係」です。第一章で述べたのは、人間が徐々に自然を支配し、自分たちの生活が自然に大きく影響されることのないように高度な文明を創りあげてきたというストーリーでした。

しかし、自然というものは実はそんなに生易しいものではありません。自然というものは巨大かつ根源的な力を持っていて、克服したというのはあくまで人間サイドの錯覚にすぎない。やがて、人間は自然からの手ひどい逆襲を受ける。人類文明はそういう段階に来ているのではないか。これが本章のテーマです。キーワードは「自然の逆襲」。取りあげるのは、『人新世とは何か』という本です。

『西洋の没落』の背景

『人新世とは何か』を紹介する前に、その準備作業として二冊の本を取りあげます。一つは、シュペングラーの『西洋の没落』。もう一冊は、中沢新一の『日本の大転換』です。この二冊の本はいずれも、自然の力を見くびったままでは人類（文明）は亡びるかもしれないという警告の書です。

オスヴァルト・シュペングラーはドイツの歴史学者で、一九一八年、つまり第一次世界大戦が終わった年にこの二巻本の第一巻を出版しました。大胆な予言に満ちた本で、それまでの歴史学の方法論を無視していたため、歴史学界で正式に認められることはありませんでしたが、人類文明の先頭を走っていたはずのヨーロッパが大量虐殺をともなう第一次世界大戦に突入してしまったことへの絶望感を背景に、ヨーロッパで爆発的なベストセラーになりました。

シュペングラーが『西洋の没落』を書いた理由は、ヨーロッパ人がすばらしい啓蒙思想をつくりあげたにもかかわらず、なぜ悲惨な戦争をやり続けているのかという疑問を解き明かすことでした。シュペングラーによれば、『西洋の没落』というタイトルは一九一二年には決まっており、その草稿は第一次世界大戦勃発の前に完成していました。しかし出版が大戦終結の年と重なったため、読者はまさに、「なぜ自分たちはこんな悲惨な戦争をしてしまったのか」という問いへの答えを探るためにこの本を読むことになったのです。

第一次世界大戦は近代兵器を使った国民総動員の大戦争で、厖大な数の死者を出した悲惨な戦いです。輝かしい啓蒙の世紀を経たにもかかわらず、なぜこのような災厄が起きたのか。西洋文明のどこに問題があったのか。四年に及ぶ戦争が終わったあと、ヨーロッパの人々は疑問にとらわれ、果ては自己嫌悪に陥りました。シュペングラーの『西洋の没落』は、まさに西洋文明への不信感を表現したものであり、時代に即応した一冊だったのです。

自然から離れた文明は衰退する

シュペングラーはこの本のなかで、さまざまな側面から西欧文明の相対化を行っています。本章のテーマに関連する論点としては、西欧では近代化にともなって都市化が進んでいるが、自然から乖離した文明はいずれ衰退する、というシュペングラーならではの見立てがあります。

シュペングラーによれば、人間とは大地からいろいろな形で栄養分を吸収して生きている存在です。しかし、都市化が進むにつれて人間は大地から離れ、人工的な世界に暮らすようになった。そこでは身体感覚が失われて知性だけが研ぎ澄まされていき、その緊張から逃れるため人々は、映画やギャンブルなどの非自然的な娯楽に束の間の休息を見出している。彼は、高層ビルに暮らす現代のわびしい都市生活者たちを皮肉たっぷりに描いています。

ここでポイントになるのが、「文化」と「文明」の峻別です。シュペングラーによれば、文化とは、それぞれの土地に根差した地域社会から生まれるもので、いろいろな形で大地からの養分を吸収している人間たちが創りあげているものです。一方、文明とは、それぞれの地域で培《つちか》われてきた文化のエッセンスの共通項だけを取りあげて世界に普遍的に通用するような考えや制度になったもの。そこでは文化が持っていた、大地から直接、栄養を吸いあげて常に活力を更新するという働きが断ち切られています。

文明とは高度の人間種が可能とするところの、最も外的な、また最も人工的な状態である。文明とは終結である。文明は成ることに続く成ったものであり、生に続く死であり、発達に続く固結であり、田舎と精神的子供とに続く知的と老年、自ら石造であるとともに石化させる世界都市とである。文明とは取り消し難くも一つの終末である。

（シュペングラー『西洋の没落Ⅰ』、村松正俊訳、四六ページ）

文化とは成るものであり、文明とは成ったもの。文明は、自然から人間を乖離させ、大地の養分からのエネルギーを吸収できない状況にあるため、やがて衰退していく運命にある。これがシュペングラーの主たる主張の一つです。

一〇〇年前に予告された人口減少

シュペングラーは、大地に根差していない文明はいずれ滅びると言いました。自然を離れて都市をつくり、人工的なものに囲まれて暮らす。そこから彼は、何を予言したのでしょうか。

こうなったとき、現存在がいよいよその根を失い、覚醒存在がいよいよ緊張してくるという事実から生ずる現象は、かの文明化した人間の不妊である。この現象は沈黙のうちに、久しい前から用意されていた。今や突然歴史の明るい光のなかに現われ、そうして劇全体を終わらせるものである。……世界都市の終末人間は、個人としては生きようとするが、型として、群としてはもはや生きようとは欲しない。この全体の存在においては死の恐怖が消えるからである。（前掲書Ⅱ、三一―三二ページ）

シュペングラーは大地を離れた生活からは不妊という現象が生じると、なんと今から一〇〇年も前に予言していたのです。これは驚くべきことです。一〇〇年前すなわち二〇世紀前半の段階ではまだ工業化が積極的に推し進められ、人口もどんどん増えている時代でした。そのような時代に、いずれ人口が減ると予言したのですから。

現代日本は急激な人口減少に見舞われていますが、これはまさにシュペングラーの文明論が指摘したとおりの展開ではないでしょうか。つまり、人間の生活が文明化、都市化し、大地と大きく乖離したことが不妊もしくは少子化の原因ではないのかという疑問です。現に、厚生労働省の二〇一六年人口動態統計によると、東京都の合計特殊出生率は一・二四であり、全国平均の一・四四を大きく下回っています。

途上国では子どもが多い国もまだたくさんありますが、私はいずれ、途上国でも少子化が進むのではないかと考えています。

数年前、不識塾の海外研修でエチオピアに出向いたことがあります。そこで聞いた話によれば、かつてエチオピアでは一家族に一〇人くらい子どもがいるのが普通だったそうです。ところが最近、急速に子どもの数が減ってきた。なぜかと言うと、安いテレビやインターネットが普及し、そこに欧米の映画や日本のアニメなど先進国のコンテンツが流れてくるようになった。そこで描かれる家庭生活には、一〇人も子どもがいて母親が必死になって働いているなどという場面はありません。人々はもっと毎日をエンジョイしているように見える。そういうわけで、エチオピアの人たちも先進国の都市文化に触れ、子どもを大勢産み育てなくてもよいという価値観が主流になりつつあるそうです。

現に、世界銀行の統計によると、エチオピアの合計特殊出生率は一九八六年の七・四二から、二〇一六年には四・二〇にまで急激に下がってきています。先進国は言うに及ばず、途上国でも少子化が始まったとすれば、一時期、危惧されていた地球の人口爆発はいずれ収まる可能性があります。ヨルゲン・ランダース『2052――今後40年のグローバル予測』によると、世界の総人口は二〇四〇年には約八一億人で頭打ちとなり、その後は下がり始める（同書、三〇五ページ）。シュペングラーの一〇〇年前の予測はどうやら当たりそうなのです。

原子力は生態圏外のエネルギー

人間が生きるための根源的なエネルギーはどこにあるか。それは自然です。私たちが食べているもの、たとえば米、パン、肉、魚、果物、どれをとっても大地と海と太陽の恵みから生まれるもの。人間は自然を征服したつもりでいますが、実は、自然の恩恵を受けないと生きていけないのが人間の生物としての宿命であり、その現実は人間の力がいくら大きくなろうと変わりません。最近では一部のサプリメントなど、自然からの直接の恵みを受けずにつくられた人工化合物もありますが、それはあくまで補助的なものです。

人間は自然界の恩恵なしには一日たりとも生活できない。ところがシュペングラーが指摘したように、大都会に住んでいる人間は大地との連絡を断ち、大地の潤いや恵みを直接、吸収することを忘れてしまった。

自然から離れた文明は衰退していく。このことを、現代の日本で起きた災害をふまえて説得的に論じたのが、中沢新一の『日本の大転換』です。この本が書かれたのは、二〇一一年の東日本大震災と福島第一原発の事故が起きた直後で、中沢は3・11が人類に突きつけた問題を、物理学、哲学、宗教など広範な知的文脈のもとに明らかにしました。

中沢は反原発の立場です。なぜ原発はよくないのか。彼によれば、原子力発電とは人類が暮らす地球上の生態圏には本来存在しない物質からエネルギーを取り出す技術です。原子炉内で核分裂反応を起こしてエネルギーを得る原子力発電は、生態圏の外部である太陽圏の現象を無媒介のまま生態圏内に持ち込むことであり、それは生態圏の内にある石油や石炭を使った発電とは根本的に異質であると中沢は指摘します。

したがって、放射性廃棄物は生態系のなかでは吸収できない異物であり、何万年ものあいだ地中で保管しなければならないとされている。そうした異物を地球にまき散らすと、太陽の恵みで成り立つ地球上の自然を壊してしまうでしょう。これを続けていくと、人類はそのうち滅びる。これがこの本の主張です。自然から乖離した文明の行き着く先を論じたシュペングラーとも重なる見解です。

中沢はさらに、生態圏から超越したエネルギーを生態圏内に持ち込む原子力発電は、自然や人間から超越した存在を想定する点で、一神教的なものであると述べている。それは人間社会内部に存在するものではなく、人間社会を超越した一神教の「神」と同様、外部の存在だということです。それはおそらく、自然との共存をよしとする日本人の本来の自然観からすると違和感のあるものでしょう。

さらに、この本のもう一つの大きなポイントは、原発も一種の「資本の論理」から生まれたものであると捉えた点です。資本にとっていかに効率的なエネルギー源になるかという点が重視された結果、原発は政界や産業界から支持されました。原子力発電を行うことによって自然はどういう影響をこうむるのか、といったことよりも、経済効率が優先されたのです。

問題は、使用済み核燃料を完全に処理する方法がまだ見つかっていないということです。現時点では私の知るかぎり、生態系に吸収できない使用済み核燃料の恒久的な置き場所を日本のどの自治体も引き受けてはいないようです。使用済み核燃料の廃棄場所はどこにも見つかっていない。これはいわゆる、「トイレのないマンション状態」です。

しかしそれでもなお、原発は世界中で増え続けている。小泉純一郎元首相が声高に原発反対を叫んでも、そして福島県民の苦悩が続き、チェルノブイリの惨状がしばしば報道されても、原発をやめるという政治勢力はそれほど強くはならない。なぜでしょうか。それは、短期的な経済効率を追い求める「資本の論理」という「虚構」がそれほど強力だということです。「資本の論理」が無意識のうちに人々の心に深く浸透してしまっているために、民主主義の力だけでは原発を止めることはできないのが現実です。

日本にこれほどの国家債務が累積していることにも相通じる現象と言えるでしょう。自分の子どもや孫の世代に負担をかけてしまうことがわかっていても、現在の景気が悪くなることは困るという発想です。長期的にはまずいとわかっていても、目先の利益を優先してしまう。人間の得意技です。

自然の逆襲が始まった

自然から離れ、自然を支配したと思ってきた人類。しかし一〇〇年前すでに、このままでは人類は滅亡の途にあることがシュペングラーによって予告されていました。AI資本主義という新たなステージに到達した現在、実際に何が起こっているのか。

そのことを、自然史や思想史をたどってつぶさに報告したのが、二〇一六年に原著が刊行された『人新世とは何か』です。この本は、科学技術史、環境史を専門とするフランスの研究者、クリストフ・ボヌイユとジャン＝バティスト・フレソズの共著で、まさに本章のキーワード「自然の逆襲」の本質と、それがいかにして生じたのか、それに対し私たちは何ができるのかについて子細に論じた本です。

まず、書名の「人新世」という言葉は耳慣れない方が多いと思いますので、解説しましょう。

人新世（Anthropocene）とは、「完新世」に続く新しい地質年代の呼称として提唱されているものです。同書によれば、二〇〇〇年二月にメキシコで開催された国際会議で、地球の自然に対する人間活動の影響について議論していた際、大気化学者のパウル・クルッツェンが「違う！　我々は完新世ではなく、既に人新世の中にいるのだ！」（『人新世とは何か』、野坂しおり訳、一八ページ）と叫び、新たな地質年代を指すこの言葉が誕生したといいます。

学界の公式見解では、現代は一万一五〇〇年前に始まった「新生代第四期完新世」に属しますが、クルッツェンなど一部の地質学者は、現代は明らかに「新生代第四期人新世」に入っていると主張しています。人新世は、人間の活動による地球環境への影響が無視できないほど大きくなった結果として始まりました。クルッツェンは、その始まりを産業革命が起きた一七八四年（ジェームズ・ワットが蒸気機関の発明特許を取った年）としています。『人新世とは何か』の著者たちによれば、クルッツェンをはじめとする科学者たちは人新世が始まったことを主張する根拠として、次のようなことを挙げています。

蒸気機関の発明以降に増え続けた温室効果ガスによる気候変動、そして農業や都市化など人間の活動によって生物多様性が崩壊したこと。あるいは工業化で化石燃料を大量に燃やすようになったことをはじめ、さまざまな原因によって水、窒素、リン塩酸の地球内循環の仕方が変動したこと。さらには、プラスチックや殺虫剤、放射性物質など生態系に存在しなかったものが地球環境に大量にばらまかれていること……。

これまで、地質年代は、巨大隕石の落下、太陽活動の変化など、外的な要因によって変化してきました。しかし完新世から人新世への変化は異なります。同書によれば、人新世とは初めての「人為起源の地質革命」なのです。

人新世は、……外部からやって来た隕石が地球に衝突し地質学的軌道を逸脱させたために起きたわけではない。地球の限界から自らを自由にすることを求めた我々の発展モデル、我々の工業的近代性そのものが、ブーメランのように舞い戻り、地球に激突しているのだ。（前掲書、三四ページ）

つまり、人間が無自覚に自然を搾取し、利用できるだけ利用し続けた結果、そのしっぺ返しとして暴力的になった自然が人類を襲おうとしているというのです。さらに著者たちはこう述べます。

人新世は資源と気候の拘束の下で、暴力的なものになると予測される。今世紀の地政学は、より闘争的で狡猾かつ野蛮なものとなり、それは二〇世紀の世界大戦や全体主義が生み出した地政学よりも残忍なものとなるだろう。その過激で暗澹たる要素を減らし、連帯して地球に生きていくことが、人新世の中心的な課題となる。（前掲書、四三ページ）

人新世は「地球を大切にしよう」といった平和的なスローガンを唱えるだけでは決して乗り越えることができず、産業革命以降の近代化の限界を直視し、まさに政治的な最重要課題としてこれに正面から取り組まなければ私たちは生き延びられない、と彼らは主張しています。

プラスチックごみ問題から考える危機

地質年代というものは、通常は万年単位で区切られるものなので、人新世の到来について異を唱える地質学者もいます。産業革命以降のたかだか二、三〇〇年のあいだの人工化合物の累積など、地質学的には無視できるほどわずかなものだというわけです。そのため、前述のとおり、これが新しい地質年代として公に認められるという状況にはまだ至ってはいないようです。

しかし、私など専門外の人間から見ても、過去二世紀半にはそれまでの地球上にはなかった現象がいろいろと起きたことは確かだろうと思われます。その一つは、中沢新一の本に関して触れた、放射性物質の拡散の問題です。一九四五年に広島と長崎に原爆が落とされて以降、核の平和利用の名のもとに世界中で原子力の活用が進んだ結果、先述したとおり、生態系に吸収しきれない異物としての放射性廃棄物がどんどん増えていきました。日本ではこれを将来的にどう処理するか、まだ何も確たることが決まっていないという状況です。世界でも状況は基本的には同じです。

また、最近では海を漂うプラスチックごみの問題がしばしば報道されます。スペインでは二〇一二年、海岸に打ちあげられて発見され死亡したクジラの胃から、大量のプラスチックが出てきたそうです。これでは栄養を吸収できず、弱ってしまったのも当然でしょう。またオーストラリアの研究チームが二〇一五年九月に発表した論文によれば、魚や貝など海の生き物を食べて暮らしている海鳥のうちなんと九〇%が、海に流出したプラスチックごみを食べ物と間違えて誤飲しているといいます。

プラスチックは自然界で完全には分解されず、また劣化などにより細かくなって、小型の魚なども飲み込んでしまうことがいま、問題となっています。この問題を解決すべく、ストローなど使い捨てのプラスチック製品の使用量を減らそうという動きが世界的に起きていることは、ニュースなどでご存じの方も多いでしょう。

クジラや海鳥の話はおそらく氷山の一角で、海に住んでいる生物のほとんどは、大なり小なり同じような影響を受けているでしょう。大地を離れて都会に暮らす人間たちの大部分は、海の生き物や自然界がどうなっているかなどには思いが及びません。しかし、人の目に見えないところで、異常なことが起こっているのではないか。海に漂うプラスチックが、食物連鎖などを通じて人間に影響を及ぼしている可能性は非常に高いと言わざるを得ません。人間が知らないところで危機がどんどん増しているのです。

以上をふまえれば、人間が「自然を征服した」という思い込みは錯覚にすぎないことがわかるでしょう。ＡＩや遺伝子工学の進展によって、人間は自然の制約から自由になった、これからもっと自由になる、と目を輝かせて語る科学者やエンジニアは多くいます。しかし実は、足元の地球が人類文明に対して大きな逆襲を試みようとしている。これを認めるか否かで、これからの人間の生き方も人間社会のあり方も大きく変わってくると思います。

「資本の論理」は自然を尊重しない

ではなぜ、人間は逆襲を受けるほどに自然を破壊し、搾取してしまったのか。

その理由の一つは、これも中沢の本で指摘されていたように、「資本の論理」が働いたからだと私は思います。

経済学者はよく市場メカニズムの話をします。市場が機能する前提とは、対象となる商品に値段がつくということです。たとえば一個一〇〇円のアイスクリームがあるとしましょう。これは、一〇〇円を渡せば所有権の移転が成立し、そのアイスクリームがもらえるということを意味します。商品が市場に出され、価格が決まり、売買が成立すると所有権の移転が起きる。それが市場メカニズムが機能するための基本条件です。では、自然はどうなのか。結論から言うと、自然には値段がつきません。私たちが呼吸している空気には値段がついていない。なぜなら、そこには私的所有権が存在しないからです。空気は共有物であり、特定の人の所有物ではないため売買はできない。自然の多くはそういうものです。

私的所有権がないものについては、市場メカニズムは働きません。そして、値段がつかないものは結局、どんなに貴重な自然であっても価格はゼロ、タダなのです。価格ゼロということは、誰でもそれを利用できるだけ利用していいということ。それが、自由主義市場の基本原理ということになります。

それを補完するのが政治です。市場が有効に働かない、私的所有権が定義できない商品をどう保護するのか。いわゆる「外部経済」に対する対策は政治の仕事です。民主主義のもとならば、自然がタダで濫用されることで破壊されることを問題視する人は、投票所に行って自然破壊を禁止、もしくは制限する法律（たとえば、炭素税の導入）をつくろうとする政党に投票すればよいということになります。経済学は、市場を活用できる分野は市場を使い、それができない分野は政治が対応すればよいという考え方で組み立てられているわけです。

しかし、問題は、この考え方が本当に有効かどうかということです。

第三章で述べたように、経済学というものは、西洋的な価値観をもとに成り立っている。ヒューマニズム（人間中心主義）とは、あくまで人間が世界の中心という考え方です。自然は人間とは別物、人間にとってはあくまで「外部」です。自然は人間の世界に属するものではない。ということで、人間中心の世界からは「排除」されているのです。そして、排除されたものについては十分な敬意も払わないし、値段もつけない。対価も払わず、利用できるものはどんどん利用しよう。こういう思想がこの二〇〇年強を貫いてきた。その結果こそ「自然の逆襲」です。『人新世とは何か』の著者たちも、人新世を「資本新世」と位置づけています。

「私たちはいま目覚めた」という幻想

同書の著者たちは、一方で人間は、自分たちの活動が自然に悪影響を与えていることについて全く無自覚だったわけではない、むしろ気づいて警告を発していた人たちはたくさんいた、と指摘しています。つまり人間は二重の意味で罪深い。自然に悪影響も与えたし、それがわかっているのにやめられなかったからです。

検討すべきは我々の時代にようやく覚醒が起きたと語る盲目的な語り《ナラティヴ》などではなく、ある種の知識と警鐘が周縁化されてきた歴史であり、「近代的脱抑制［désinhibition moderne］」の歴史ということになる……。我々の惑星が人新世へ突入したことは、環境に対する盲目的かつ熱狂的な近代主義に続いて生じた出来事ではなく、むしろ、地球の人工的変化に対する長年の熟考と懸念を経たうえでの出来事なのだ。（前掲書、一〇二ページ）

著者たちが訴えているように、この「覚醒の語り」はたいへん誘惑に満ちたものです。産業革命からこのかた、人間は自然を利用し続けてきた。しかし、当時の人間は自分たちが何をしているのかわかっていなかった。だから仕方がないのだ。私たちはいま、ようやく目覚めた。だから行動を始めるのだ。これが覚醒の語りです。

ここでは、知らなかった人は許されるという論理のもと、産業革命が始まった当初から警告を発し続けていた人たちがいたという歴史は「周縁化されてきた」、すなわち覆い隠されてきました。

たとえば、産業革命が始まった頃から、ドイツやフランスでは森林の「維持可能な管理」という名目のもと、木材が大量に伐《き》り出されることへの地元の人たちの反対運動がありましたし、機械化に反対する職人や農民たちの抗議活動もヨーロッパ中で頻発していました。経済的な成長を追い求めるばかりでは地球も人間も危ない。成長を抑制する思想も必要だ。

こう訴える人たちは大勢いたわけです。しかしその声は、工業を主導するエリートや、進歩を主張する科学者たちによって周縁に追いやられ続け、次第になかったことにされてきた。すなわち人間は「脱抑制」状態になり、このことが知らず知らずのうちに、あるいは、意識的に隠蔽されてきたのです。

「脱抑制」とは、医学用語で、「状況に対する反応としての衝動や感情を抑えることが不能になった状態」のことを指します。具体的な例としては、薬物やアルコールといった外的な刺激によって抑制が利かなくなった状態のことです（厚生労働省「健康用語辞典」）。そして、薬物やアルコールなどの外部的刺激を、私たちの文脈に従って言い直せば、それは「資本を可能なかぎり速く増殖しなければならない」という「資本の論理」に他なりません。この歴史を認めることが、人新世というものの根本的な理解につながると著者たちは強く主張しています。

リベラリズムに自然は救えない？

現代では、地球環境が危ないということにはほとんどの人が気づいているでしょう。何とかしなければいけないとは思っている。だからこそ、二酸化炭素の排出量を国際的に抑制するための国連気候変動枠組条約締約国会議（COP）が一九九五年から毎年開催されています。しかし、それは言ってみれば気休めのようなところがあり、二酸化炭素排出量を十分に抑えることには成功していません。

一九九七年に定められた京都議定書では、先進国が世界の主要排出国だったために、先進国だけに温室効果ガスの排出削減義務を課していました。しかし、その後、多くの新興国が経済成長とともに排出量を増やしたため、二〇一五年には、二〇二〇年以降にすべての国が参加する新たな枠組みとしてパリ協定が採択されました。アメリカは、いずれの協定にも積極的ではありません。京都議定書に対しては、ブッシュ政権が議定書への不参加を表明しました。パリ協定についても、トランプ大統領が離脱を表明しています。また、たとえ離脱しなくても、目標をクリアしない場合の具体的な罰則などはなく、申し合わせ程度にとどまっているのが現状です。

他方、「持続的成長」（Sustainable Growth）には産業界はこぞって賛成しています。地球環境は保護しなければならない。しかし、成長はやめられない。「持続的成長」という言葉にはこのような感覚が強く反映されていますが、ここには、「抑制」についての意識よりも、やはり、「成長」についての期待のほうが大きいことが窺われます。『人新世とは何か』の著者たちが取りあげた過去の事例と同様、現代の私たちもまた、わかってはいるけれどやめられない、という「脱抑制」の罠にはまっている。そして厄介なのは、この矛盾が、現代のリベラリズムの世界では結局は解決できないのではないかということです。

民主主義を例に考えてみましょう。民主主義の国では、民主的な投票によって選ばれた政治家が立案した政策が議会で決定され、推進されていきます。これが政治的決定のプロセスです。この、国民が一人一票で政治家を選び、選ばれた政治家が政治を行うという民主主義のシステムは、うまく機能していると言えるでしょうか。

たとえば、民主主義において投票権を与えられているのは誰か。もちろんそれは一人ひとりの成人です。つい最近までは男性に絞られていました。日本で女性の選挙権が認められたのは、第二次世界大戦後の一九四五年一二月のことです。赤ちゃんには投票権はありません。まして自然には投票権などありません。

これでは自然に対してだけではなく、世代や性別を超えたさまざまな政策についても偏った決定がなされる懸念があります。たとえば、文化・伝統を守ろうという政策があったとする。過去に生きた、自分たちの祖先が成し遂げたさまざまな仕事を継承していこう。そう思ったとしても、すでに亡くなった人には投票権がありませんし、投票権を持つ現役世代の多くはそんな面倒なことはしなくていいと考える。そうなると、文化保護には予算をつけなくてもいいということになります。

反対に、将来の政策にも同じことが当てはまる。これは現在の日本の財政赤字に端的に表れていますが、とにかくいまの景気さえ良くなればいいという発想です。自分の子どもや孫の世代にその負担が重くのしかかることは理屈のうえでは誰でも知っていますが、やはり、現役世代の利益が最優先されてしまいます。選挙ではそういう政策を掲げる人が当選する。したがって、財政赤字は永久に累積し続けることになるというわけです。

こう考えてみると、民主主義は人間中心主義というよりは、正確には「現役世代中心主義」と言い直したほうがよいでしょう。

自然に対しても同様です。このまま自然を濫用し続けていれば何かしらしっぺ返しがあるということは認識している。しかし自分の世代はなんとか逃げられるだろうと考えてしまう。何せ自然はタダで消費できるし、利用したほうが景気も良くなり生活水準も上がる。ならばいまのところは利用しておこう。いま大事なのは、あくまで、資本に対する収益率が高いかどうかということになるわけです。

つまり、民主主義は非常に利己的な制度ということになる。「民主主義は最悪の政治形態と言える。これまで試みられてきた、民主主義以外のすべての政治制度を除けばだが」。これは、イギリスの元首相ウィンストン・チャーチルの有名な言葉です。チャーチルは民主主義を批判している。しかし、過去にこれを超えるものがあっただろうか。だからわれわれは甘んじてこの制度に従うほかはないというわけです。しかし人新世という新たな時代を迎えた現在、民主主義の限界を認めたうえでなお、この状況に甘んじるままでよいのか。

私たちも自然と共存したほうが、長期的には良い結果が得られるということは十分に理解しているわけですが、いざ投票するとなるとやはり目先の利益を優先してしまう。人間は、そういう意味では、決して合理的ではありません。長期的には良いとわかっていても、目先の利益を優先してしまう。お正月になると「今年の目標」を決めて決意を新たにしますが、たいていは三日坊主に終わる。それが人間です。

予測できない危機にどう対応するか

人新世がもたらす将来的なリスクとはどういうものか。これは明確にはわかっていません。非常に危機的なことを言う人もいれば、それは隕石の衝突や氷河期の到来といった外的要因によって起こる気候変動に比べればはるかに規模が小さいと楽観視する人もいます。たかだか二、三〇〇年の人間による産業活動では危機的な気候変動は起きないという、先述した立場です。このように、人新世がもたらすリスクが予測不能というところに最大の問題があると言えるかもしれません。

現在、地球の気温は上昇傾向にあります。科学者のなかには、気温の上昇はたしかに問題だが、一〇〇年間で二、三℃の上昇といったペースであれば、技術革新などによって人間はそれに対処できると指摘する人もいます。

しかし『人新世とは何か』の著者たちは、地球の変化とは将来的にもそのように徐々に進むリニアな変化だけなのか、という疑問を投げかけている。というのも、過去の気候変動の歴史を見てみると、あるところまではリニアに変化していても、突然氷河期が来たり、気温が一〇℃も上昇したりと、予測もつかない非線型的（ノンリニア）な変化が幾度も起こっているからです。それが今後も起こらない保証は全くありません。

二〇一八年のノーベル経済学賞に輝いたイェール大学のウィリアム・ノードハウス教授は、DICEモデル（気候と経済の動学的統合モデル）を開発し、二酸化炭素の排出が最適な形で削減された場合、二一〇〇年における気温上昇は三・五℃になると予想しています（『地球温暖化の経済学』）。このDICEモデルもまた、基本的には気候変動をリニアなものとして定式化しているのです。

危機に対し、人間は手をこまねいているわけではありません。先に述べたように、COPでの討議を重ね、パリ協定を採択しました。こうしたことは、本来は経済活動に従事するすべての人たちにかかわる問題のはずですが、社会にはいまだ、気候の問題は専門家に任せておけばいいという空気があることは事実でしょう。

やはり、長期的な視野に立つ意志決定というものは難しい。では、どうすればよいのでしょうか――。

自然に投票権を与えることの可能性

この根本的な問題に対する明快な答えは、まだ誰も持っていません。『人新世とは何か』の著者たちは、とにかくこれまでの歩みを正しく理解することが大事だと言っています。

我々が提唱した歴史は気の滅入るものかもしれない。……／だが、覚醒という語り《ナラティヴ》を断念することで、地球システム科学から警告を発する人々との間でより明晰で有益な対話が可能になり、贖罪よりも連帯を目指すことが促されるようになるだろう。同じように、我々が手にした人新世の複数の歴史は、特定の集団、制度、想像力《イマジナリー》が特有の条件下で発明し押し付けてきた生産、交易、消費の装置が制御する物質とエネルギーの物質代謝について、再び政治的に考えることへと我々を導くだろう。（前掲書、三四六―三四七ページ）

民主主義がうまくいっていないからといって、何か別のイデオロギーを掲げて革命を起こそうなどと言っても、共産主義の失敗や全体主義の歴史を経験した現在の人たちには届かない。著者たちもおそらくそのことはわかっているのでしょう。それゆえ、結論もやや抽象的なものに留まっていることは否めません。

さらに、人新世は地球に不可逆的な影響をもたらしており、もはや「環境危機」を唱えたところで、それはお題目に留まってしまうでしょう。

つまるところ、人新世を思考するとは、「環境危機」からの脱出というつかの間の希望を捨て去ることだ。取り返しのつかない亀裂は、過去二世紀間の産業発展が成し遂げた、短くも桁外れなこの瞬間のなかで我々の背後に迫っている。人新世はそこにあ

> る。これが我々の新たな条件なのだ。したがって我々は人新世を生き延びることを学ばなければならない。すなわち地球を少しでも居住が可能で回復力を持つ状態に維持し、人間の困窮の原因や大災害の頻度を制限することが必要なのだ。だが、それは同時に人新世に生きることでもある。文化の多様性や権利、条件の平等性、人間と非人間の排他性を取り払う紐帯、無限の希望、質素な消費、謙虚な干渉のなかに生きることを学ぶことだ。（前掲書、三四四ページ）

著者たちの提言をどう具体化すればよいか、考えてみましょう。そのひとつは先ほど述べた自然にも投票権を与えるということを、何らかの方法で実現することです。

たとえば、アジアの小国ブータンの憲法には、どんなことがあっても森林面積は国土の六〇%を切ってはいけないと書かれています。自然は投票所に出向くことはできませんが、投票という政治行動よりも上位の概念——たとえば憲法など——に、自然との共存関係を担保できるような条件を組み入れる。こうした類のことはできると思います。

日本で憲法改正というと、どうしても九条の話になってしまいます。しかし、地球環境を何とかしたいと思っている人は大勢いるわけですから、優れたリーダーシップを持った政治家が、自然に投票権を与えることの代理制度として、憲法にこのような条項を入れるということの意義を明快に説明し、うまく人々の気持ちに火をつけることができれば、ひょっとしたら、「自然と共存するための憲法改正」ができるのではないか。憲法九条の改正にはアレルギー反応を示す人でも、「自然と共存するための憲法改正」なら賛成できるのではないか。そんな気もするのです。

さらに提案したいのは、「自然の逆襲」を阻止することができる要素を、ＡＩのプログラムに組み込んでしまうことです。ＡＩはひたすら、人間をより健康に、より快適に、より幸福に感じさせる方向に進化を遂げている。これらは、人間がどうなりたいかという欲望にＡＩが応えようとしている結果です。つまり、長期的な意味では必ずしも合理的ではないけれども、目の前の抗しがたい人間の欲望に応えてきたのがＡＩであるとすれば、この方向を変えさせることが必要になります。「人新世」という新たな地質時代と共存していくという、より長期的な意味において必要な人類のあり方に沿うように、ＡＩ開発の方向に規制をかけるということです。

いずれにしても、人新世を生き延びるためには、ＡＩ資本主義の先に、人間は「何を望むべきなのか」「いかなる人間世界を創りあげたいのか」という問いかけをし、その答えに沿った形でＡＩを含む技術開発の方向を決めていくという態度が必要でしょう。

排除すべき外部がなくなった

ここまで、人間と自然はどのようにかかわっていくべきかという問題を、『人新世とは何か』の読み解きをとおして考察してきました。実は、これと同様の問題が、自然以外のものとの関係においても生じているのではないか。それが、私がこれから述べたいことです。

それは「資本の論理」とかかわるものです。「資本の論理」の基本テーゼは、投資に対するリターンを最大にすることです。これこそ経済活動の究極の目的と言えるでしょう。ＡＩ資本主義を迎えたいま、資本家の天国ができあがったように見えます。キャピタルゲインに対する低率分離課税など、資本家に対するリターンを最大化するために多様な制度がつくられ、どうすれば利益を上げられるか、世界中が血眼になって追求しています。

その結果、人々の生活水準は飛躍的に上がりました。もちろん格差や環境破壊などの問題なども生じましたが、全体としての生活水準は顕著に上昇しました。しかし、それをやり続けてきた結果、何が起こったか――。

「排除すべき外部」がなくなってきたのです。

アメリカ大陸到達から植民地拡大、そして第二次大戦後の民族独立へと続く歴史のなかで、地理的フロンティアというものがどんどん失われていきました。第一章でハラリの言う「科学革命」について解説した際に、ヨーロッパはアメリカ到達以降「埋めるべき余白を残した地図を描き始めた」という一節を紹介しました（四〇ページ）。この地図の余白がなくなったと言ってもよいでしょう。さらに、人新世と呼ばれる新たな地質年代さえ迎えたと言われる現在、これまでどおり自然を好き放題に利用し続けるということはますます難しくなっています。「地理的フロンティア」が消滅し、「自然フロンティア」にも限界が見え始めたというのが現在の資本主義世界が直面している大きな課題です。

そこでアメリカがこの三〇年ほど行ってきたのが、第一章でも述べたとおり、グローバル金融の推進です。新たな「金融フロンティア」をつくろうとしたのです。しかしリーマン・ショック以降は、この路線の危険性が認識され、ブレーキがかかるようになりました。

地理的フロンティア、自然フロンティア、そして金融フロンティア――。すべてのフロンティアが喪失しつつある現在、ＡＩは最後のフロンティアとして、人々の期待を一身に集めています。ＡＩと生命科学の融合による新たなフロンティアが生まれる。そのことが自分たちの生活をさらに向上させてくれるかもしれない。人間をより健康に、より快適に、より幸せにするための技術が次々と開発され、私たちはギルガメシュが切望した不老不死に、少しずつ近づいている。こういう期待です。

しかし、現実がそれほど甘くないことはこれまで見てきたとおりです。イノベーションの対象としてＡＩや再生医療が見ている人間の身体内部の改造は、「人間とは何か」といった深刻な問題を私たちに投げかけているからです。

民主主義は現役世代主義だと指摘しましたが、医療の発達もこれとよく似ています。現在よりも長生きできるとか、現在の状態よりも楽しい生活ができると言われれば、人類に対する長期的な影響を考慮することなく、私たちはまずその技術に乗っかろうとする。これは人間の性《さが》かもしれません。「資本の論理」は、人間の身体内部すら搾取の対象として、つまり利益を上げる利潤の対象として見つめているわけです。

しかしこのような「排除の論理」を、そろそろ根本的に見直さなければいけない段階に来たのではないでしょうか。人体という最後のフロンティアを利用し尽くした末の終末的な未来は、第二章で見たとおり、サイボーグ人間の登場であり、ヒューマニズムの終焉です。

ＡＩ資本主義の最大の問題は、利益を上げる対象としての外部が消滅してきたことです。

その結果、当然のこととして、世界の経済成長率が着実に鈍化してきました（一四八ページの図3を参照）。日本のことを考えるとよくわかるでしょう。日本は現在、ゼロ金利政策を続けており、日銀は長いあいだ超金融緩和を行い、金利をゼロとしています。資本主義のあり方を考えれば、これは実に不思議な現象です。ゼロ金利とは、資本を使うコストがゼロということです。とすれば、たとえば五％、六％と利潤が上がるプロジェクトが市場に存在するならば、資本家はどんどんお金を借りてそこに投資するでしょう。ところが、金利をゼロ％として、これ以上ないくらいに金融緩和をしてお金をたくさん用意しても、資金需要が出てきません。

資本をできるだけ速いスピードで増殖させるのが資本主義の目的なのに、ゼロ金利が続いているということは、資本に対する利潤率がゼロになっている、つまり投資をしてもリターンがないという状況です。こんな状況が日本では二〇年も続いているのです。

外部を排除することで自らが成長する。資本主義のこの論理が、現実にはもう不可能になっている。ならばいまこそ、「排除の論理」に代わる新しい論理へと転換しなければなりません。次の第五章で、具体的な道筋を考えてみたいと思います。

第五章 「排除」から「包摂」へ

——「日本的普遍」をいかに磨きあげるか

社会的包摂という考え方

外部を排除（搾取）することで利益を確保してきた資本主義社会。しかし、排除すべき対象としての外部が徐々に消滅し始めた結果、産業革命以来今日まで二〇〇年あまり続いた資本主義世界の成長に陰りが見えています。そこで登場したのがＡＩを主役とするＡＩ資本主義ですが、果たしてこのＡＩ資本主義は世界経済を、あるいは人類を救うことができるのでしょうか。その答えは、ＡＩをどのように活用するかにかかっていると思われます。「排除」に代わるものとして、本章で私が提示するキーワードは「包摂」です。

本書の前半（第一、二章）では、ホモ・サピエンスがつくりあげてきた「想像上の虚構」が世界を動かす巨大な力を発揮した半面、それが自然界に比べ、基本的に不安定であることを見ました。このことは、株式市場など、金融資本主義の不安定性に限ったことではありません。

最近のＩＣＴ（情報通信技術）やＡＩの飛躍的発展によって、近代世界が推進してきたヒューマニズム（人間中心主義）やリベラルデモクラシーの基盤が揺れ動くなど、社会の構造そのものでさえ、きわめて不安定であることを忘れるべきではないと思います。ヒューマニズムやリベラルデモクラシーを軸にして発展してきた近代社会に代わって、「データイズム」が支配するディストピアを、私たちは安易に受け入れることはできません。

そのうえで本書の後半では、ヨーロッパ中心に進められてきた資本主義体制が、基本的に自らの外部を排除することで発展してきたこと（第三章）、そして、それが自然の濫用につながり、「人新世」という新たな地質時代の到来を招いてしまったこと（第四章）を検討しました。

私たちには、これら現代の危機を克服するための新たな哲学が求められています。「データイズム」でもなく「排除の論理」でもない新たな哲学、それが「包摂の論理」です。私たちには「排除の論理」から「包摂の論理」へのパラダイム転換が必要である――。それがこの章で――というより、本書全体の結論として――主張したいことです。

包摂（インクルージョン）という言葉は、「社会的包摂」などというフレーズとして近年耳にする機会が増えてきました。社会的包摂とは、孤立した人や弱い立場にある人も含め、市民一人ひとりを社会の構成員として取り込み、支え合うという考え方のこと。日本学術会議は「いまこそ『包摂する社会』の基盤づくりを」と題した二〇一四年の提言のなかで、こう述べています。

今後の日本において、「社会的包摂（Social Inclusion）」を社会政策の基本概念とし、すべての人が潜在的に有する能力をフルに発現できる社会（包摂する社会）を構築することが不可欠である。

「社会的包摂」には、人々の多様性を認めるだけでなく、あらゆる人々を受容して、彼らの潜在的創造力を顕在化させるという、より積極的な考え方が込められています。その意味で「包摂」は、企業人事のキーワードとしてよく使われる「ダイバーシティ」（多様性）よりもさらに広い、一歩進んだ考え方だと言えるでしょう。

浸透し始めた「包摂」の思想

二〇一八年九月二六日のBBC放送が伝えたところによると、ニュージーランドのジャシンダ・アーダーン首相は二四日、ニューヨークで開かれた国連総会に、生後三か月の娘のニーブちゃんを同行したとのこと。これは国連に乳幼児を連れてきた初のケースだという内容でした。アーダーン首相が演説を行っている間、パートナーのクラーク・ゲイフォードさんがニュージーランドの「ファースト・ベイビー」を抱いていた、とのことです。

これに先立って、同年の六月、彼女が女児を出産し、六週間の産休を取るというニュースが流れました。彼女が事実婚であることや、首相という重要ポストにいるのに産休をとることに対する批判は全く聞こえてこず、ニュージーランドでは国中、たいへんなお祝いムードにあふれたということです。おそらく、一時代前ならこのようなことは許されなかったし、当然のように問題視されたことでしょう。これは、社会が包摂という思想を積極的に取り入れるように、世界中の人々の考えが明らかに変わってきている一例だと思います。

もっとも、国連総会の会議にまで赤ちゃんを連れて行くのが望ましい行為かどうかについては、議論の分かれるところでしょう。議員の多くが家族連れで出席してもよいとなると、会議そのものが成立しなくなるでしょうから。

日本でもいろいろな動きが出てきています。お茶の水女子大では二〇二〇年度の学部・大学院の入学者から「トランスジェンダー」(戸籍上は男性でも自分自身では女性と自認する)学生の入学を受け入れることを発表しました。これについてインタビューを受けた同大のある女子学生が、「大学がようやく時代に追いついてきたのでは」と答えていたのが印象的でした。最近ではこれと似たような話題には事欠かなくなりましたが、基本的には、これまでの「中心が周辺を排除する」偏狭な考え方を改め、社会の片隅に追いやられていた人たちを社会の中心に誘導し包摂しようという、大きな潮流の変化を感じさせるニュースでした。

このようなニュースが日常的になり、社会もそれを当然のこととして受け入れるようになった理由は何か。「人権意識の向上」という側面も当然のことながらあるでしょうが、私は、それに加えて現代資本主義の行き詰まりが背景にあるのではないかと考えます。これまでのような、シングルマザーやLGBT、非正規社員などの社会的弱者を切り捨てるという「排除」の思想のままでは、近年、とみに活力低下に悩む社会自体が長期停滞から脱却できないという深刻な時代背景があります。

先に見たように、先進諸国の経済成長率は大きく鈍化しています。資本主義の活力低下、成長鈍化を克服するうえで、AIと生命科学に大きな期待がかけられていますが、ここで重要なのは、「排除」から「包摂」へという明確な方向性を持つことです。そして、この「包摂」という概念をいかにしてAI資本主義の枠組みのなかに組み入れるのか、これが最大の課題です。

「包摂の論理」の背景

前章で、民主主義思想には現役世代が利益を得るように意志決定がなされる偏りが生じることを指摘しました。そもそも、西洋が主導したヒューマニズムの思想は、人間を尊重する思想のようでありながら、その概念は当初、適用範囲がかなり狭いものでした。

アメリカの独立宣言がよい例になります。一七七六年、アメリカがイギリスから独立するために採択されたこの宣言は、冒頭で「すべての人間は生まれながらにして平等であり、その創造主によって、生命、自由、および幸福の追求を含む不可侵の権利を与えられている」と高らかにうたっています。

しかし、これを起草したメンバーの一人で第三代アメリカ合衆国大統領のトマス・ジェファソンは、実はかなりひどい差別主義者だったことが知られています。彼の保有するプランテーションには何十人も奴隷がいて、そのうちの女性の一人には子どもを産ませていた。周知のとおり、当時のアメリカはアフリカから大量に奴隷を輸入して、彼らの働きで富を得ていた典型的な差別国家でした。ジェファソンらがつくった独立宣言にうたわれた高邁《こうまい》な思想も、割り引いて考えたほうがよい。「すべての人間」は実は白人男性のこと、これは括弧書きで補足したほうがいいでしょう。

もちろん、そういった極端な差別は時代とともに徐々に解消されていきました。投票権がすべての成人に与えられ、人種差別も公民権運動などを経てかなり緩やかになったのも事実です。しかし、すべてを包摂する社会の建設にはまだまだ時間がかかる。差別は現代でも根強く残っているからです。第四章で見た、人間による自然の搾取についても同様です。「排除」から「包摂」へ。その道のりは必ずしも簡単ではありません。私たちは産業革命以来、あまりにも長く「排除の思想」に染まってきたからです。しかし前述のとおり、すでに世界は「排除」から「包摂」の方向に向かって活発に動き始めていることも事実です。非正規雇用に対する同一労働・同一賃金への取り組みや、非正規雇用そのものをやめて正規化する動きも活発です。LGBT関連の議論が毎日のように報道されていることもその一環です。

国際的に見ても、SDGsやESG投資が重要なテーマになってきました。SDGsとは、二〇一五年の国連サミットで採択された「持続可能な開発目標（Sustainable Development Goals）」のこと。地球上の誰一人として取り残さない（leave no one behind）ことを誓っています。また、ESGは、環境（Environment）、社会（Social）、企業統治（Governance）の頭文字を取ったものです。投資決定において、従来型の財務情報だけでなく、ESGも考慮に入れる手法が「ＥＳＧ投資」というわけです。今日、企業の長期的な成長のためには、ＥＳＧが示す三つの要素に配慮することが必要だという考え方が株主である機関投資家のあいだで急速に広がってきたのです。

ただし、ＳＤＧｓにしても、ＥＳＧにしても、あくまで、各国政府や企業の努力目標という性格が強く、法的な拘束力があるわけではない。これらが世界の政治を動かし、より強制力のある形に変わっていかなければ、十分な効果を発揮しないと危惧されます。

これまでは社会的弱者に目を向けるといっても、人道上の配慮から彼らを支えよう、保護しようという考えに留まっていたと思います。しかし「包摂の論理」はそれよりも積極的なものです。社会的弱者を含めて全員をネットワークの一部と考え、そこで誰もがクリエイティブな仕事をしたり、考えていることを発信したりする。オープンなネットワークから創造的なものを生み出すという意味で、これは単に人道上の配慮からなされるものではなく、これからの人類の生き方を示唆しているものと解釈できるでしょう。

そして、自然を「外部」と見て搾取するのではなく、自然をも人間社会に包摂することが重要です。自然そのものが死んでしまえば、そこからは何らみずみずしいエネルギーは生まれないでしょう。これはまさに、前章で紹介したシュペングラーの文明論にも通じる話です。自然が持つみずみずしく躍動する力というものをもう一度取り戻そうではないか。こういう発想が自然をも含む「包摂の論理」の背景にはあります。

「包摂の論理」が資本主義を救う

「包摂の論理」は、資本主義を否定するものではなく、資本主義を再生するための新しい考え方です。この点について具体的に説明しましょう。

実際に、経営学やビジネスの世界でもこの方向をふまえた発想が登場しました。たとえば、ハーバード大学ビジネススクールのマイケル・ポーター教授は数年前、CSV（Creating Shared Value）という概念を提唱しました。これは、企業が自社のためだけを考えて投資するという考え方では持続的成長はできない、むしろ、それぞれの社会課題に積極的にアプローチすることで、経済価値と社会価値の両方を同時に創造するという発想が必要という主張です。私的利益を追い求める企業でも、社会が抱える問題を自らのテーマとして解決に乗り出さないと、もはや利潤を得る機会がないというわけです。

ポーター教授は、それぞれの国や地域に特有の社会的課題に企業もコミットして、その解決策を見つけることこそ、これからのビジネスのあり方だと言ったわけです。CSVの

SV、すなわちシェアード・バリューとは、企業にとってだけではなく、社会にとっても利益になるということ。この考え方はいま、ビジネスの世界では一つの常識になっています。ビジネスの世界も、「社会を自らのなかに包摂する」という考え方を打ち出してきたのです。これは当然、資本主義を否定するのではなく、それを再生するための方策です。

実際に、二〇世紀には共産主義や全体主義など、資本主義の矛盾を解決するための社会実験が行われました。しかしハイエクがいみじくも言っているように、こうした設計主義的な思想はすべて失敗した。『人新世とは何か』の著者たちが資本主義を安易に否定するのではなく、結論の言葉を慎重に選んでいたのもそれが理由でしょう。私が提唱する「包摂の論理」も、資本主義を全否定するものではなく、資本主義が必要とするイノベーションや創造性というものを、どうやったら生み出せるかという問いから出発しているのです。

「包摂の論理」への移行は可能なのか

繰り返しになりますが、ここでもう一度、なぜ「包摂の論理」なのかという点について確認しておきたいと思います。ここまで読み進まれた読者のなかには、「そうは言っても『包摂の論理』を導入することは理想論としてはともかく、現実には難しいのではないか」

と感じた人も多いのではないでしょうか。人間の「利己的な本性」からいって、「包摂の論理」は弱いと言わざるをえない。たしかに人道主義的で美しい概念ではあるけれど、人間にとって実行するのは非常に難しい――。

そもそも人間というものは、差別や格差を前提にこれまでの人間社会を創ってきたのではないのか。厳しい身分制度、階級社会、マイノリティの排除など、人間の歴史で差別が存在しない時代はなかったし、現代社会でも超富裕層と貧困層の格差などは想像を絶するレベルにあります。

トランプ大統領の「アメリカ・ファースト」の考え方は、人間の利己的な行動が国家単位で現れたもので、トランプ支持者たちはいまや大手を振って利己的な言動を礼賛さえしている。世界のリーダーであるアメリカがこのように変質してしまったことは、「包摂の論理」がいかに現実の政治の世界では脆弱であるかを物語っているようです。

したがって、このような壮大で高邁な理念を提示してみても、そして、そのような新たな理念が本当に必要なものであったとしても、人間にそれを実行する能力があるのかどうかという根本的な疑問が残ります。

この問いは、人間とは何かというさらに大きな問題を提起します。人間はそれほど理知的な存在なのか、大きな歴史の潮流に身を任せ、ただそれに流されていく、そういう他律的な存在なのではないか。差別するとか、排除するというのは人間の本性であり、それを捨ててすべてを包摂することなどできるわけがないのではないか。そういう疑問です。

オルダス・ハクスリーは『すばらしい新世界』（一九三二年刊行）のなかで、野人と指導者ムスタファ・モンドに、次のような会話をさせています。

「つまりきみは」とムスタファ・モンドが言う。「不幸になる権利を要求しているんだね」
「ええ、それでいいですよ」と野人が喧嘩腰で言った。「僕は不幸になる権利を要求する」
「老いて醜くなり、無力になる権利はもちろん、梅毒や癌にかかる権利、食料不足に陥る権利、虱《しらみ》にたかられる権利、あしたどうなるかわからないという不安をつねに抱えて生きる権利、腸チフスになる権利、あらゆる種類の言語に絶する苦痛に苛まれる権利も」長い沈黙が流れた。
「そのすべてを要求します」と、ようやく野人が言った。

（オルダス・ハクスリー『すばらしい新世界』、大森望訳、三三三ページ）

人間はここに登場する野人のように、また、第二章でもくわしく見たように、理性的というよりは、情念や衝動で動く生き物のようです。

ドーキンスは『利己的な遺伝子』のなかで、生物進化の主体は生物個体そのものではなく、その個体に住み着いている遺伝子であると主張しました。そうだとすると、人間の思考や行動はそれほど合理的とは言えなくなる。遺伝子の利己的な行動に影響されるからです。フロイトは私たちの行動の多くが無意識のうちになされているのであって、明確な意識のもとになされているのでないことを示しました。今日における認知科学や行動経済学などの研究は、人間行動の多くが衝動的であり、なぜそういう行動をとったのかについては、あとから理屈づけが行われるということを明らかにしています。

ゲーテは『ファウスト』のなかで、主人公のファウストに次のように語らせています。

めまいを覚えたり、せつなさのきわみの快楽、愛の果ての憎しみや爽快な腹立ちを知りたいのだ。……人間に与えられているものを、まさにこの身で味わいたい。心を張りつめて、もっとも高いものと、もっとも底辺にあるものをつかみとりたい。この胸に快楽と苦悩をかさねてみたい。この自分を人類そのものにまで押しひろげ、とどのつまりは破滅してもかまわない。(『ファウスト』第一部、池内紀訳、一〇二ページ)

ファウストはこう言って、悪魔のメフィストフェレスに、人間世界のすべて(快楽や苦痛、悲惨な体験)を味わわせてくれれば、その見返りに死ぬときに自分の魂を与えるという約束をします。人間とはおそらくこのように複雑で情念的な存在なのだ、ということをゲーテは示しているようですが、ハクスレーの野人も、ゲーテのファウストも、理想に向かって一直線で進むような合理的人間像とは程遠い、きわめて「人間的」な存在です。

しかし、人類が前進してきたことを証明するような、希望の持てる変化ももちろん数多く生じています。たとえば、人類の平均寿命は、西暦一〇〇〇年にはわずか二四歳、一九〇〇年には三一歳だったそうです(アンガス・マディソン)。そして、世界保健機構が二〇一八年に発表したデータによると、二〇一六年における世界の平均寿命は七二歳であり、日本人の寿命にいたっては世界トップで八四歳にまで伸びています。

国連が発表している貧困層の数も近年になって激減しています。二〇一一年の購買力平価に基づき、国際貧困ラインを一日一・九〇ドルで計算した貧困者の数は、一九九〇年には一九億人弱（世界人口の三六パーセント）でしたが、二〇一五年には七億人強（世界人口の一〇パーセント）にまで減っています。顕著な改善と言えるでしょう。疫病で死ぬ人の数、戦争で命を落とす人の数、生まれたばかりの赤ちゃんの死亡率低下など、状況が劇的に改善していることを示す数字も数多くあります。

これらは広い意味で、人類がお互いに助け合う「包摂」行為が広範に浸透してきた結果を示すものだと思われます。

ここで言いたいのは、人間は利己主義のかたまりであって、「排除の論理」は永久に変えられないと決めつけるのは悲観的すぎるということです。「排除」から「包摂」へと徐々に社会の行動規範を変えてきた人類史の大きな流れと、「排除」を続けていたのでは人類の未来はないという現実。この二つの流れが利己的な人間の行動を、長いスパンで少しずつ変えていく。こう考えることは許されるのではないかと思うのです。

自然や社会を包摂する日本の歴史的伝統

人類が「包摂の論理」を掲げて進むとき、私たち日本人には何ができるのでしょうか。

私は、日本にはもともと、自然や社会を包摂する歴史的伝統があったと考えています。

三つの側面から見てみましょう。

一つ目は宗教です。これまで「排除の論理」の背景には、キリスト教から始まる西洋の長い思想の歴史がありました。聖書を開くと、全知全能の神が人間と自然を創り、人間が自然を管理する義務を負うということが書かれている。他人に委託されたものを、責任をもって管理することを英語でスチュワードシップ（stewardship）と言いますが、神、人間、自然の関係はこれに当たります。神は人間と自然からなる世界を創造したが、自然の管理を人間に託した。人間は神への義務として自然を管理するスチュワードシップを担う。こういう関係になっている。人間が自然より上位に置かれています。ここから西洋の人間中心主義思想がつくりあげられました。外部を排除するようなシステムが構築されてきた歴史的背景にはユダヤ＝キリスト教的な教えがあるのです。

これに対して日本の宗教には、自然を外部として扱うような考え方はありません。たとえば人々が神に豊穣を祈ると、神々のほうでも一致協力して実りをもたらし、無事に収穫が終わると神々と人間は一緒になって祭りを楽しむといった神話もあります。神、人間、自然、これらはみんな仲間なのです。

日本の神話に出てくる神々の世界と、ギリシャ神話の世界を比べてみても、その様子はまるで違います。ギリシャ神話の神々は、最高神ゼウスに代表されるように、厳しく、戦闘的で、超絶的な力を持っています。自らの意に反するものは徹底して排除し、必要ならば殺してしまうような排斥的な考えも持っている。ゼウスも実ははじめから最高神だったわけではなく、父クロノスが率いるティタン（タイタン）一族との激しい権力闘争に勝利した結果、その地位を手に入れています。

日本の神話には、ゼウスのようなとてつもなく強力な力を持った神は登場しません。京都大学のユング研究者で、文化庁長官を務めたこともある河合隼雄教授は、『中空構造日本の深層』という著書のなかで、「日本社会は基本的にリーダーが目立たない『中空構造』になっている」というきわめて興味深い学説を、東西の神話を比較するという手法を使って展開しています。

日本の神話には強いリーダーシップで世の中を一つにまとめるような神はおらず、アマテラス、ツクヨミ、スサノヲのきょうだいや、タカミムスヒ、アメノミナカヌシ、カミムスヒの三神のように、複数の神々のバランスのなかで世の中が創られている。しかも、そのうちのツクヨミとアメノミナカヌシは『古事記』のなかでは、ほとんど表には出てきません。このように、中心に「無為の神」、すなわち「中空」を置くことでバランスを構築するのが日本文化の特徴である、と河合は指摘しています。

日本神話の論理は統合の論理ではなく、均衡の論理である。それは一見すると、天皇家の正統性の由来を明らかにするためのものであり、権威ある中心としての天皇の存在を主張しているかに見える。しかし、既に明らかにしたように、『古事記』神話において中心を占めるものは、アメノミナカヌシ—ツクヨミ—ホスセリ、で示されるように、地位あるいは場所はあるが実体もはたらきもないものである。それは、権威あるもの、権力をもつものによる統合のモデルではなく、力もはたらきももたない中心が相対立する力を適当に均衡せしめているモデルを提供するものである。（『中空構造日本の深層』、四七ページ）

日本的宗教観のベースは「平等」

六世紀になると仏教が伝来しましたが、これもやがて日本化されていきます。外来の仏教はもともとあった神道と敵対するのではなく、それを受け入れる神仏習合思想がすぐに編み出されました。仏が神の姿で現れるとする本地垂迹《ほんじすいじゃく》説によって、神と仏は矛盾しないとする考えが広まったのです。外部は排除されるのではなく内部に受容されたわけです。

仏教が説いた根源的な思想の一つが「草木国土悉皆仏性《しっかいぶっしょう》」です。ここから、誰でも仏になれるとする天台本覚思想が発展しました。草も木、国土もすべてみな人間と同じように仏になれる性質（仏性）を持っているということです。究極の平等思想と言えるでしょう。

日本人は、人間も自然も同じ世界で共存していると捉えています。そして自然を土台に文化を創っている。たとえば和歌は自然に対する思いや感動を詠んだものが多いし、俳句になれば季語が必須なため、さらに自然との結びつきが強い。

まとめると、西洋はギリシャ神話やキリスト教の神に象徴される中心統合的なリーダーシップがある世界、神と人とのヒエラルキーがベースにある世界です。対して日本人には、人間は自然の一部という感覚が強い。日本人の宗教観では、カミ、仏、自然、人間のあいだに大きな断絶がありません。もちろん、神道で敬われるカミはありがたい存在で、地鎮《じちん》祭《さい》や結婚式などで人間世界に降りてきて人間の無事を祈ってくれる。仏も無力な人間を極楽浄土に連れて行って救済してくれる心優しい存在です。カミ、仏、自然と人間のあいだになんらかの心の「つながり」がある。このように比較的、平等なのが日本人の宗教観です。

この説明は単純化・理想化しすぎているきらいがありますが、大雑把に言えば、そうした東西の宗教観の違いがその後の社会の発展に影響したことは間違いないでしょう。ヒエラルキーの強い西洋では、自分より下の階級は外部と見なして「排除」するのに対して、自らを自然の一部と捉える日本では、歴史的に見るかぎり、共存や包摂の思想が強かったのではないでしょうか。

階級制のないフラットな社会

日本文化が「包摂の論理」と親和性が高いと考えられる二番目の側面としては、日本に西洋的な意味での階級社会がなかった点を挙げることができます。日本の歴史を振り返ってみると、江戸時代の士農工商のような身分制度はたしかに存在しましたが、これは後述のとおり、西洋の階級社会とは性格がまるで違います。

古代ローマ帝国がゲルマン民族の大移動をきっかけに滅びたことはよく知られていますが、それ以後も中央アジアのフン族や蒙古族の侵入によって域内の民族大移動がしばしば起きました。こうした社会変動が収まって、ヨーロッパに諸国家が形成されると、今度はその国家同士の争いが始まります。そして一六世紀の宗教改革以降は、カトリックとプロテスタントがお互いに殺戮し合う宗教戦争（三十年戦争）が起きました。こうした不安定な状況は一六四八年のウェストファリア条約で一応の解決を見たものの、近代に入ってからも各地で国家間の戦乱が続きました。何といっても、西洋の歴史を特徴づけてきたのは、民族間、国家間の絶え間ない戦争だったのです。

このような戦いの歴史がもたらしたもの、それが階級社会でした。戦争はそのつど、勝者と敗者をつくります。勝ったほうが負けたほうを支配し、負けた側は殺されるか奴隷になる。そこから、支配階級と被支配階級（奴隷階級）という階級制度が固定していきました。戦争は繰り返しあらゆるところで行われたため、勝ったり負けたりと、その様相は非常に複雑ではあるのですが、頻繁な戦争が西洋における階級社会をつくりあげたことに変わりはありません。

ヨーロッパ旅行に出かけた人なら、階級社会的な特徴がさまざまな形で現れていることに気づいたかもしれません。たとえば、レストランでも、一般の人が行くところでは、ウエイターやウェイトレスの態度がつっけんどんで、たいへんサービスが悪い（と多くの日本人は感じます）。しかし、三ッ星のついた高級レストランでは全く違います。値段が高いだけあって、そこで受けるサービスはあたかも自分が王侯貴族になったような感じにさせてくれるほどすばらしい。文化の面でも、クラシック音楽やバレエなど、貴族的、宮廷文化的なものが多いのは、そうした社会構造を反映しているからです。

一方日本では、民族同士の抗争というものはほとんどなかった。細かく見れば、日本も単一民族ではないし、東北や鹿児島、沖縄と近畿は文化的にはいまだかなり異なっています。縄文時代から弥生時代に移り変わる際には、縄文人と弥生人のあいだの抗争が激しかった。戦国時代には、国中が日本統一を目指して戦った歴史もあります。しかしヨーロッパのように恒常的に民族間の紛争が起きていたという歴史はありません。外からの襲撃を受けた経験も、元寇と第二次世界大戦以外にはほとんどない。

もちろん、日本にも貴族社会はありましたし、江戸時代には身分制が存在しましたが、ヨーロッパ的な意味で階級が明確に定着していくプロセスは見当たりません。ヒエラルキーの強さという観点から見ると、宗教の世界と同じで、日本社会は非常にフラットだと言えるでしょう。

たとえば江戸時代の武士は、制度上は支配階級でしたが、彼らが特に裕福だったわけではありません。武士階級を養っていたのはコメの石高《こくだか》によって決まる年貢であり、それを支えていたのは農民でした。ところが、江戸時代に大きく発達したのは商業でした。商業経済が発達し、商人たちはその波に乗ってどんどん豊かになっていく。しかし、石高によって武士の収入は固定されており、商人から税金を取ることもなかった。武士は農民から収められるものだけで生活していたため、どうしても相対的に貧困化していかざるを得なかったわけです。

このように、身分上、武士は支配階級で商人は士農工商の一番低い身分であったにもかかわらず、経済力で見ると、上下が逆転しているケースが多々あった。幕末になると、多くの大名家では、商人からの借金で首が回らなくなっていたと言われています。身分制度上は最下位の商人が経済的には最も豊かだったわけです。

江戸時代に花咲いた日本文化を思い起こすと、そのほとんどは商人を中心とした町人たちが創りあげたものです。歌舞伎、落語、浮世絵、黄表紙、文楽、浄瑠璃など、庶民が創り、庶民が楽しむ文化が主流だったことは明らかです。西洋社会で発達した文化の多くが宮廷文化という特徴を持っていたのとは対照的です。

日本企業の共同体的性格

日本に「包摂」の伝統があると考えられる三つ目のポイントは、共同体意識の強さです。

その最も基本的な原因は、日本が島国であったこと、外敵の脅威があまりなかったことなどが挙げられますが、その結果、日本人は仲間内で仲良く過ごす以外に社会をうまく運営する方法を見つけることができなかった。それが嵩《こう》じて、仲間内で強く結束するムラ意識やイエ意識が強くなったのだと思われます。

明治に入ってからは、日本にも急速に個人主義的伝統の強い西洋文化が入ってきました。資本主義を取り入れ、株式会社も多数できました。しかし、そこでできた文化というものは、江戸時代までの日本独特の歴史を引き継いでいます。

一般化するのは難しいのですが、おおまかに言えば、西洋的な企業には強いリーダーがいて、CEOと呼ばれる人が圧倒的なパワーをもって何事も決断していく。企業は「契約の束」であり、自立した個人と企業が契約に基づいて行動します。かたや日本的な企業では、明示的な契約はあまりなく、暗黙の了解のもとに共同体を形成します。圧倒的なカリスマ的リーダーは好まれず、全体的に、調和のとれる調整型の人がトップに就いています。この点については、日本の組織が「中空構造」になっているという河合の指摘のとおりです。

もちろん日本の企業にも、創業経営者など、強いリーダーのいるケースがありますが、創業から時間が経ち、会社の規模が大きくなるにつれ、そうした会社もサラリーマン経営の会社に転換していく。こうなると日本の伝統的な組織の特徴である「中空構造」が立ち現れてくるのが普通です。たとえば、三菱、三井、住友などの財閥系企業や歴史ある企業の経営者の多くが組織の調和を重んじ、企業内の報酬格差も小さく抑えられる場合が多いことは否定できません。いずれにせよ、強いカリスマ性とリーダーシップを持つ経営者は海外に比してかなり少ない。また、そのほうが、日本人の組織感覚に適合していることも確かでしょう。もちろん、これには良い面も悪い面もあるわけですが、神輿《みこし》の上に乗ることが上手なバランスの取れた人のほうが日本型組織のトップには合っているということです。

アメリカで経営学を学び、ＭＢＡの学位をとってきたばかりの若者が日本に帰ってくると、日本企業の「中空構造」に飽き足らず、組織を中心統合型に改革したいと意気込むことがしばしばありますが、そういった改革の試みのほとんどは失敗する。それは、アメリカと日本では、たどってきた歴史があまりにも違うからです。アメリカの経営学にはやはり階級社会的な発想があり、エリートが一般労働者をどのようにうまく操作し、コントロールするかといった、いわゆる〝上から目線〟の経営戦略論や組織論で成り立っている場合が多い。これが日本の平等的、共同体的、そして、中空構造的な思想にはどうもうまくマッチしません。

このように、日本企業は階級社会的というよりは共同体的性格が強い。共同体ならば、景気が悪いからという理由だけでメンバーシップを剥奪する（解雇する）ことはできません。共同体はその構成員を内部化している（仲間として見ている）からです。

他方で、アメリカ企業には共同体という発想はあまり強くありません。先に触れたように、「企業とは契約の束である」と考えられているからです。取引先や金融機関、そして一人ひとりの従業員とも事前に契約している。契約を履行することが重要なのであって、契約で定められているから従業員には約束された賃金を払うし、契約書に一定の条件を満たせば解雇できると記載されていれば、当然のごとくそれを実行する。資本の取り分は、売り上げから契約上の義務的支払いを差し引いた残余部分であり、これを利潤と定義するわけです。リスクは資本が負担し、その見返りに利潤を受け取るという考え方です。

しかし、共同体は契約によってつくられたものではなく、自然発生的に生まれるものです。文書化はされていなくとも暗黙の了解事項があり、ひとたび共同体に所属してその掟さえ遵守すれば、よほどのことがない限りメンバーシップから外されることはありません。そのような構造のなかから日本の企業は生まれてきたのです（ただし、戦前期の日本企業はかなり欧米的、資本主義的であったという説もあります）。

日本企業の組織文化が共同体的な性格を持つとすれば、そこには「包摂の論理」に近いものが含まれていると言えるでしょう。いったん共同体の仲間になったら生活は一生守るというのが、かつての日本企業の基本でした。特に戦後から一九九〇年くらいまでの日本企業は、終身雇用や年功序列といった言葉に象徴されるように、共同体的な色彩が非常に強かった。これは、同じ会社のメンバーは家族みたいなものだという考え方にもつながります。

日本にも「排除の論理」はある

ここで留保をつけておく必要があります。日本には「排除の論理」が存在しなかったかといえば、そんなことは決してありません。

たとえば大企業と下請けの関係。大企業は下請けを外部と見なし、時に過酷な価格引き下げ要求をすることもありました。一九九〇年代以降には構造改革の嵐が日本にも押し寄せ、日本の労働市場が大きく変わりました。終身雇用は崩れ、共同体メンバーとは言えない非正規雇用の働き手がどんどん増えていきました。彼らは共同体の論理からは排除されています。

広く社会に目を移せば、女性差別や、障がい者差別、性的マイノリティや外国人に対する差別もあります。古く、江戸時代には、「穢多《えた》」「非人」といった階級を固定して差別していました。明治政府は封建的身分制度を撤廃しましたが、現在でも社会的差別が根絶されたわけではありません。西洋とは中身が異なるかもしれませんが、日本にも歴史的に厳しい排除があったことは間違いありません。

社会心理学者の山岸俊男は、「信頼」と「信用」は異なるとして、興味深い論点を提供したことで知られています（『信頼の構造』）。日本人は、同質的な仲間のあいだでの「信用」というものを重視している。その結束はたいへん強いがゆえに、仲間内では非常に居心地が良いが、そこから除け者にされることへの恐怖もまた大きい。

他方、西洋の人が重視するのは「信頼」です。全く違う共同体に属している人同士でも（おそらくそこには同じ階級出身であるといった何らかの共通項があるのだとは思いますが）、お互いに気に入れば、すぐに友好的になり、信頼関係を結ぶことができる。日本人はその点シャイで、同質的な共同体に属する人でないとなかなか信頼できないという面がある。そう考えると、日本人は信頼関係、もしくは「絆」でつながっているというのは必ずしも正しくはありません。それは身内だけのことであって、見ず知らずの人とすぐに信頼関係が結べるわけではないということになります。そこは日本人が乗り越えるべき壁でしょう。

日本のムラやイエは排他的な閉鎖性の象徴と捉えることができます。どこが「包摂」なのかと首を傾《かし》げる読者もいるかもしれません。日本におけるこのような「排除の論理」については、グローバル化が進む現代においてはより開放性の強い、いわば「開かれた共同体」への改革が必要になっているということでしょう。しかし、ここで私が強調したいのは、日本には神仏習合や天台本覚思想のような、外部を包摂する歴史的な契機があるということです。異質な要素を柔軟に取り込み、ひとたび共同体に迎え入れれば、そのあとは平等におおらかに扱うことができるのです。

企業や社会に存在する「排除の論理」を洗い出すこと、そしてこれからはそれを振りかざしていてはもうやっていけないと認識すること。西洋社会と同様に、日本においてもこのような意識転換が重要です。

「包摂の論理」は企業の競争力になる①――「テッセイ」「富士フイルム」の例から

前項では留保をつけましたが、それにもかかわらず、私は自然や社会を包摂する日本の文化や歴史的伝統が、実は日本企業の競争力の源にもなっていると考えています。その具体例をいくつか見ていきましょう。

まずは、新幹線の車両清掃を行っている「JR東日本テクノハートTESSEI」、通称「テッセイ」という会社です。この会社のスタッフは、列車が東京駅など終点の駅に到着してから七分以内に、座席やトイレなど車内をすべて清掃し、座席の向きを変え、背もたれカバーを交換するなどして車内を完璧に磨きあげる。時間勝負のハードな仕事を、必ずしも若い人たちばかりではない従業員たちがチームワークよく、生き生きと、高いモチベーションをもってこなしている。そして清掃が終わると、ホームに整列してお客に丁寧に一礼をする。読者のなかにも、新幹線に乗るときに、この会社の従業員の生き生きとした仕事ぶりに感銘を受けた人も多いと思います。

アメリカ的な考え方からすると、決して高給取りとは言えない現場の人たちが、あんなにきびきびと笑顔で仕事をするのは想像しがたいことです。アメリカ企業の現場では、決められた仕事を朝九時から夕方五時までマニュアルどおりにこなし、それでお給料をもらっておしまいです。現場の末端の従業員があれほどてきぱきと仕事をするというのはなかなか期待できない。なのに、なぜテッセイのスタッフはあんなに楽しそうに一生懸命仕事をしているのか。その理由を学ぼう。というわけで、テッセイはいまやハーバード・ビジネス・スクールMBAコースの必修科目として取りあげられ、たいへんポピュラーな存在になりました。

テッセイでは、従業員がこの仕事に誇りを持てるような工夫をしているということですが、何といっても、彼らを「外部」と見なさず、あくまで「仲間」「身内」と考えることで、彼らを「包摂」しようとしている点がポイントだと思います。この「包摂の論理」が現場の士気を著しく高めているのです。

もう一つ、例を挙げましょう。それは富士フイルム株式会社のケースです。ご存じのように、二〇年ほど前、デジタルカメラの普及で、アナログフィルムの需要は激減しました。アナログフィルムで売り上げの大半を稼いでいた富士フイルムとしては、存亡の危機に立たされたわけです。しかし、この会社は主力製品の需要激減という逆風を何とか乗り越えてきました。現在でも、年間売上高二兆円を軽く上回る隆々たる業績を上げる会社として存続しています。同じくアナログフィルムを製造していたアメリカのコダック社は、富士フイルムと覇を競う巨大なグローバル企業でしたが、アナログからデジタルへの転換には対応できず、あっさりと倒産し、市場から撤退していきました。富士フイルムが生き残ったのに、なぜ、コダックは早々と市場から撤退してしまったのでしょうか。

その答えは簡単です。コダックが「契約の束」だったのに対し、富士フイルムは「共同体」だったからです。資本の論理では、アナログフィルムの需要がなくなったのなら撤退すればいい、資本を食い尽くす前に会社を解散し、投資家に資本を還元してほしい、となるでしょう。そして投資家は還元された資本をまた別の成長企業に投資して稼げばよいので、コダックという会社に固執する必要は全くないということになります。会社が倒産して、失業者が大量に出ても、それは仕方のないことであって、それぞれの労働者は自己責任で新たな仕事を探せばよいということになります。

しかし富士フイルムは、人々の絆を大事にする共同体です。従業員や取引先にしてみれば、せっかく縁あってこの会社に入ったのだから、あるいはかかわったのだから、みんなで一致協力して、何とか会社を立ち直らせたい。そう思ったわけです。株主も銀行もこの路線に反対することなく、会社がいままで蓄積してきた技術をもとに新しい分野に進出して生き残ることに協力しました。そして、いまや、化粧品、医療、ライフサイエンスなど幅広い業態に進出した結果、富士フイルムはアナログフィルムの売り上げが劇的に縮小したにもかかわらず、年間二兆円以上の売上を誇る大企業として、世界的なプレゼンスを維持しています。

「包摂の論理」は企業の競争力になる②――「トヨタ自動車」の例から

トヨタ自動車が、アメリカの自動車会社に比べて、世界市場では後発であったにもかかわらず、世界一の自動車メーカーに成長したことにも、よく似た事情があるようです。そこには「資本の論理」よりも、現場の力を引き出す「共同体の論理」が色濃くある。働いている人たちは世界に誇れる高品質の自動車をつくろうと、毎日、数多くの改善提案を出し合いながら高い意識で結束しているのです。

桑原晃弥は『一生使える49の「知恵」　トヨタ式考える力』という著書のなかで、トヨタ式のエッセンスは、「知恵を出して働く人」を育てる仕組みだと述べている。つまり、単にモノを丁寧につくるということではなく、大切なのは次々に知恵を出せるような人材育成にあるというのです。これは、現場で働く従業員を単なるモノづくりのためのツールと考えるのではなく、高い当事者意識をもってさまざまな知恵を出し続けてくれる仲間と位置づけているということだと思います。このような会社と従業員の関係は、「契約の束」として、ドライな関係から成り立つ欧米企業にはおそらく真似ができないことでしょう。

神戸大学名誉教授の加護野忠男氏から聞いたエピソードを紹介しましょう。もう二〇年以上も前のことですが、中国の女子留学生が、日米の自動車産業を比較するため両国の自動車工場を見学・調査しました。彼女にとって驚きだったのは、日本の自動車工場では、現場の従業員が消費者からは見えないはずのバンパーの裏側まで丁寧に磨いていたことだったといいます。お客さんからは見えないのになぜそこまで磨くのかと聞くと、「目に見えないところだからこそ、丁寧に磨く」と言われたそうです。アメリカや中国の工場でそんなことをしている人はもちろん誰もいません。経営者もそんなことをする必要はないと言う。合理主義が基本のアメリカや中国の人には、見えないからこそ磨くという日本の論理はよくわからなかったということです。

これは「裏勝《うらまさ》り」の考え方と似ているのかもしれません。江戸幕府はしばしば庶民の奢《し》侈《しゃ》を禁止するため、倹約令を発動しました。庶民は質素な着物を着るように指導されたわけですが、おしゃれにこだわる人は着物の裏地に凝ったといいます。表地は目立たない無地や控えめな柄、裏地には美しい模様を入れたのです。いわゆる、眼に見えないところこそ大事にするという「裏勝り」です。バンパーの話はそれと似ていて、見えないから手を抜くのではなく、見えないところにこそ意を尽くすという意識がどこかにあったということでしょうか。

このような、消費者からは見えないバンパーの裏側を磨くという行為に経済合理性はあるのでしょうか。言うまでもなく、短期的なリターンを考えれば、そんなことをすれば手間がかかってコストがかかり、収益は減るということになります。しかし、にもかかわらずトヨタは勝ち残って世界一の自動車メーカーにまで上り詰めた。それはなぜなのか。

多分こういうことだと思います。バンパーの裏側まで磨くのはコストがかかる。しかし、見えない個所でもこれだけ丹精込めてつくりあげるという現場の意識は、製品の品質を否が応でも高めるでしょう。自動車は何千、何万という部品を精巧に組み合わせてつくりあげられます。その一部でも不良品が出ると故障して動かなくなる。アメリカでは、新車を買えば、はじめの数カ月は故障が出ることを覚悟しなければならないと考えられていました。少しぐらい故障が出ても致し方ないという考え方です。

ところが、日本車の場合は新車で購入しても、全く故障がないというのです。それは、短期的なリターンに囚われず、眼に見えないところでも丁寧に仕上げるというモノづくりの精神が定着していたからではないでしょうか。短期的な観点からは、過剰品質と考えられていたものが、長期的には、信頼できる製品を供給する力になっていた。それをマーケットが認めたということです。だからこそ、品質が良くなり、長期的な競争力が養われていったと考えられます。

「選ぶ文化」と「育てる文化」

数年前になりますが、不識塾の講師として、トヨタの社長、会長を務められた張富士夫氏をお呼びしたことがありました。質問の時間になって、ある塾生が「長年アメリカで仕事をなさっていた経験から、アメリカ企業とトヨタをはじめとする日本企業の根本的な違いはどこにあると思われますか」という質問をしたところ、張さんはこう答えました。

「アメリカでは、必要な経営人材は『市場から調達すれば良い』と考えられているようですが、これは『選ぶ文化』ですね。しかし、トヨタでは必要な人材は市場からとってくるだけでは十分ではなく、多くの場合、『会社のなかで育てる』必要があると考えています。いわば、『育てる文化』ですね」

つまり、「契約の束」として企業を組み立てるだけでは不十分で、それぞれの企業の経営理念、価値観や倫理観、美意識などを継承していくためには、会社のことを熟知した経営人材が会社のなかで育っていく必要があるという考え方です。短期的な収益を最大にするといった「資本の論理」ではなく、長期的な観点から会社の競争力を高めていくという「共同体の論理」が必要ということでしょう。これを徹底して追求したところに、トヨタの成功の理由があったのではないかと思うのです。

「包摂の論理」は企業の競争力になる③——「東レ」の例から

同じような例が東レの炭素繊維開発のケースにも見られます。数十年前、繊維不況を乗り切る切り札として登場した炭素繊維ですが、開発から実用化に至るまでの道のりは長く、厳しいものでした。現在では、ボーイング社の機体の基幹部品として使われる商品ですが、当初は実用化のめどが立たず、世界中の炭素繊維メーカーが市場から撤退していきました。最初は「繊維で飛行機を飛ばすなどありえない」と、ボーイング社からも門前払いを食ったと言われています。しかし、実際は、炭素繊維は鉄やアルミよりも強いのに軽いのだそうです。

炭素繊維が実用化され、ボーイング社が製造する飛行機の機体に使われるようになるまでには数十年の時間が必要でした。その過程で、ライバルだった海外の会社はほとんどすべて撤退していきました。おそらく、「資本の論理」からすれば、いつ収益を生むかわからない炭素繊維にいつまでもかかわっているわけにはいかないということだったのでしょう。しかし日本の企業は三社ほど残った。その一つが東レだったのです。

トヨタの張富士夫氏に講義をお願いした翌年のこと、不識塾では東レの日覺昭廣社長にも講演をしてもらいましたが、そのとき社長はこう言いました。

「炭素繊維は商品として通用するまで数十年かかった。『儲からなければ即、撤退』という『資本の論理』では炭素繊維の成功はありえなかった」

もし東レの経営陣が、「必ずものにする」という技術者の熱意と信念を認めていなければ、短期的なリターンが見込めない炭素繊維の開発は途中で頓挫していたでしょう。しかし、会社は現場にいる技術者たちを信頼し、「とことんやれ」という姿勢を打ち出して、彼らを「包摂」し、長期にわたって開発に従事させた。短期的な利益を生み出す「ツール」として技術者を見るのではなく、技術者の「必ず実用化できる」という強い信念を認め、支援を続けるという姿勢をとったからこそ、炭素繊維開発は成功を見たのです。

このような例は無数にあります。日本の歴史的な伝統や企業の現場を見渡すと、日本人は「包摂の論理」を意識せずともある程度実践できていると言えるかもしれません。そしてそのことが、日本企業や日本社会の評価を高め、また、競争力の源泉となっているのではないでしょうか。

「日本的普遍」を磨き、追求しよう

以上の議論をふまえると、日本人はあらためて自分たちを見つめ直し、日本という国のどこにどのような強み（と弱み）があるのか、どういうところが西洋と根本的に異なっているのかを考えてみる必要があるでしょう。ここで考えたいのが、第三章で詳細に見た『ヨーロッパ的普遍主義』の結論でウォーラーステインが述べていた多元的（普遍的）普遍主義の可能性です。ヨーロッパ的なものだけを普遍的真理として尊重するという姿勢を改め、世界のすべての地域に存在する普遍的なるものを認め合うという考え方を採るべきだというものです。

シュペングラーは同じことを次のように述べています。

西洋の思想家に欠けていることで、そうして正しく彼にこそ欠けてはならないことがある。それは、自己の成果……の歴史的相対的性質の洞察であり、それの妥当性の必然的限界に対する知識であり、……他の諸文化の人間が同じ確信でもって自己のうちから発展させたことを探究する義務である。（前掲『西洋の没落Ⅰ』、三七―三八ページ）

シュペングラーは一〇〇年も前に、ヨーロッパ的普遍主義を相対化し、他の諸文化を尊重するよう忠告していたことになります。ましてや、多元的な世界観が浸透した現代では、ヨーロッパに限らず、それぞれの地域には人類にとって普遍的な価値を持つと考えられる文化や価値観、社会システムが存在すると捉えるのが自然です。

そのなかの一つが、包摂の論理に基づく日本の社会原理だと言えるのではないでしょうか。それを日本人自身が冷静に認識し、再評価して、磨くべきところは磨き、是正すべきところは是正する。そして「日本的普遍」として世界に打ち出す。それをもって世界のさまざまな価値観を持つ人たちと切磋琢磨していくという姿勢が必要です。

ここで注意すべきは、日本人が普遍的と考える価値を日本以外の人たちに押しつけてはならないということです。なぜなら、そのような態度をとることはヨーロッパ的普遍主義の犯した過ちを繰り返すことになるからです。

「世の中はすべて正しいことをやっている」

東レの日覺社長は不識塾での講演の際、こう言いました。「世の中はすべて正しいことをやっている」。

これは、ヨーロッパ的普遍主義のような自己を絶対化する態度を戒めたものだと解釈できます。つまり、誰であれ、自分たちの価値観を強制的に押しつけてはいけない。世界でそれぞれの国や人々が行っていることにはそれなりの歴史的理由がある。だから私たちはそこに干渉はせずに、世界で行われていることはすべて〝正しい〟と認めますという態度表明なのです。

同時にこの言葉の裏にあるのは、「だからこそ自分たちの価値観もとことん大事にします」という強いメッセージだと思います。たとえば、アメリカの言うことに飲み込まれて経営をアメリカナイズするといったことはしない。アメリカ流の株主至上主義を掲げたコーポレート・ガバナンスの考え方に流されることなく、日本企業にふさわしいガバナンスのあり方を追求する。この点、東レはアメリカ流の経営には与《くみ》しないことをかねてから明言してきた会社です。その結果、どんな実績が出るか注目してほしい。そして、そのなかでこそ、世界に通用する普遍性があると認めてもらえることを目指すという決意の表れなのです。

このような考え方を、**図5**として表してみました。近代はヨーロッパ的普遍主義が世界を支配した。しかし二一世紀は、ヨーロッパ的普遍主義に飲み込まれるのではなく、それぞれの地域や企業が自分たちの価値観をもとに粛々と行動する。そのことによって、日本の場合は日本的普遍の、中国の場合は中国的普遍の、それぞれの地歩を固めていく。それがウォーラーステインの言う多元的普遍主義、あるいは、普遍的普遍主義につながっていくのではないかと思います。

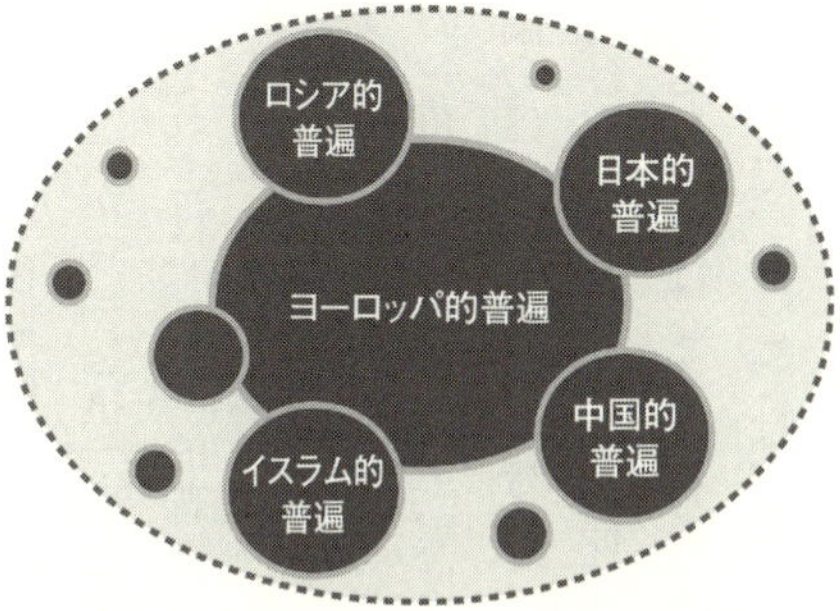

図5　ヨーロッパ的普遍主義から普遍的普遍主義へ

ウォーラーステインが述べる「普遍的普遍主義のネットワーク」については第三章で紹介しましたが（一五二～一五三ページ参照）、それこそまさに図5が表すことと重なるのです。

「日本的普遍」の原点にあるもの――「なる・つぎ・いきほひ」

このように、ヨーロッパ（欧米）主導の近代世界は急速に多元化してきました。ヨーロッパ的なるものこそ普遍という考え方ではなく、それぞれの民族や国家、地域が持つ普遍性を互いに認め合い、ネットワーク化していこうという考え方です。私も、「排除」から「包摂」へと至る道は、そこにしかないだろうと考えます。

それでは、「日本的普遍」とは何かということが次の課題になります。もちろん、日本的普遍の中身を特定することは、それほど簡単ではありません。この章で述べた日本企業の経営スタイルは一つのヒントを与えてくれますが、それらは全体から見れば、まさに氷山の一角にすぎません。実は、これまで多くの知識人、研究者によって論じられてきた日本論のほとんどすべては、ここで言う日本的普遍を探究するという性格を持っており、その内容たるやきわめて多様でかつ膨大です。本書でその中身を詳細に述べることは、紙幅の問題だけではなく、私の能力からも、とうてい不可能です。

そこで、ここでは、日本的普遍を論じた代表的な論考を一つだけ取りあげます。日本的普遍を探るというのはどういうことなのか、どのような作業が必要になるのかということを知る一つの事例と考えていただいてよいと思います。

それは、思想史家・丸山眞男が著した「歴史意識の『古層』」(『忠誠と反逆』に所収)というよく知られた論文です。日本的普遍を論じるのに、この論文で丸山は古事記や日本書紀などをユダヤ＝キリスト教の創世紀と比較し、神話の世界に見られる人々のあり方や生き方が、現代のそれぞれの民族の思考の形を決めているのではないかという仮説を提示しました。日本的普遍を探るのには、場合によっては、このような東西の古典や歴史を紐解くという研究態度が必要なのかもしれません。

そのうえで彼は、本居宣長の古事記研究を参考に、日本民族の特性として「なる」「つぎ」「いきほひ」という三つのキーワードを導きました。

要約すれば、次のようになります。

まず、ユダヤ＝キリスト教的な「つくる」の発想です。ユダヤ＝キリストの唯一神は、無から世界を創造しますが、この「つくる」の論理では、つくるもの（主体＝神）とつくられるもの（客体＝自然や人間）が明確に峻別されます。したがって、主体と客体は非連続であり、唯一神と被造物とのあいだには「絶対的な断絶」があることになる。これはデカルトに始まる西洋近代哲学の「主体」と「客体」の二項対立構造の基礎になっているとも考えられます。

この主体と客体の断絶は、記紀神話（古事記と日本書紀）に見られる「なる」の発想とはまさに対照的です。「なる」の発想は、連続性を基本にしており、「つくる」の論理のような切れ目、断絶がなく、たえず物事がおのずから生成し、増殖していくのです。瓊瓊杵尊

（ニニギノミコト）が天孫降臨をしたあと、地上に住んでいた人たちと融合して国づくりをしていくという神話は、天上の神と地上の人間が血縁的につながっていることを示しています。もちろんこれは神話であり、歴史的事実とは言えませんが、神と人間が血縁的につながっているという連続性のフィクションは、ユダヤ＝キリスト教的な断絶のフィクションとは決定的に異なります。

さらに、「なる」のイメージは「つぎ」とも親和性が高い。古事記冒頭を見ると、「次に……次に……」という形で、続々と新しい神がなってゆきます。丸山によると、古事記冒頭で、「つぎ」という言葉は四七回も使われています。ここにも「世界を、時間を追っての連続的展開というタームで語る発想の根強さを見ないわけにゆかない」（「歴史意識の『古層』」、『忠誠と反逆』所収、三七八ページ）と丸山は言います。三つ目の「いきほひ」についても、「『初発』のエネルギーを推進力として『世界』がいくたびも噴射され、一方向的に無限進行してゆく姿」（前掲書、三九二ページ）と説明されています。

このあたりの説明は紙幅の関係で少し舌足らずになっており、理解が容易ではありませんが、「なる」「つぎ」「いきほひ」という三つのキーワードから出てくる記紀神話の時間的なイメージは、永遠に続く連続性のイメージときわめて近く、ユダヤ＝キリスト教的な神と人間（や自然）のあいだの断絶を基本とする歴史意識とは大きく異なっている。これは、日本的発想と西洋的発想の大きな違いです。

さらに、ユダヤ＝キリスト教には、時間には明確なはじまり（神が天地創造した時）と終わり（最後の審判）があります。神がこの世界を創造したときに時間が生まれ、最後の審判のときに時間が終わる。そして一神教的な終末は、ギリシャ語の「テロス」（Telos）の意味を含んでいます。テロスには「終わり」とともに、「目的」や「完成」という意味がありま す。つまり、最後の審判は、この世の終わりであると同時に、神の目的が完成するときでもある。したがって、キリスト教徒の最大の関心は、（いつ訪れるかはわからないがいつかは必ず来る）最後の審判に際して、自分が果たして神の国に行けるのかどうかという一点に尽きていると思います。

こうして、一神教の信者たちは、常に最後の「目的」に向けて、いま何をなすべきかということを戦略的に考える生活が習慣化されているわけです。これは、第一章で説明した「予定説」とも通じる考え方です。

ところが、古事記に表れる「つぎ」や「いきほひ」には、テロスのような目的の感覚は欠如している。終わりや目的がないまま、過去から引き継いできた伝統を守り、それを次の世代にバトンタッチしていくことが、「つぎ」や「いきほひ」という言葉に秘められた発想なのです。

「いま」を重視し、継続性を維持すること

丸山は、これらの「なる」「つぎ」「いきほひ」を考察した末に、三語をまとめて「つぎつぎになりゆくいきほひ」という、あの有名なフレーズを考え出しました。

〔「つぎつぎになりゆくいきほひ」というこの基底範疇は〕どの時代でも歴史的思考の主旋律をなしてはいなかった。むしろ支配的な主旋律として前面に出て来たのは……、儒・仏・老荘など大陸渡来の諸観念であり、また維新以降は西欧世界からの輸入思想であった。ただ、右のような基底範疇は、こうして「つぎつぎ」と摂取された諸観念に微妙な修飾をあたえ、ときには、ほとんどわれわれの意識をこえて、旋律全体のひびきを「日本的」に変容させてしまう。そこに執拗低音としての役割があった。（前掲書、四〇二ページ）

目標を立て、それに向かって戦略的に進んでいくという西洋的発想では、その目標を達成するためには、他者（異端）を「排除」することも辞さない。聖書にしばしば登場する「異教徒はすべて殲滅せよ」という神の命令は日本の神々には欠落しているように思います。日本人にとって決定的に重要なのは、継続性・連続性を維持することです。

丸山によれば、「つぎつぎになりゆくいきほひ」に象徴される日本人の歴史意識の中核には、過去でも未来でもなく、「いま」に対する尊重やオプティミズムがあります。この態度は、良くも悪くも、なりゆきに任せる態度と結びつきやすい。日本人が誰かを励ますときによく言う「なんとかなるよ」という言葉も、なりゆきに任せていけば、状況はおのずと落ち着いていくという発想が根っこにあるように思われます。

なりゆき任せで戦略性に乏しいということは、たしかに欠点です。しかし裏を返せば、いま目の前にある課題に対して真摯に対応し、それをやり遂げて、次世代に着実につなげていくことにも結実する。この思考の形こそ、企業における現場主義の原点でしょう。

率直に言って、「つぎつぎになりゆくいきほひ」という思考の形が「包摂の論理」にどうつながるのかはそれほど自明ではありません。しかし、日本人の徹底的な現場主義的発想は、抽象的な理念によって物事を決めていくユダヤ＝キリスト教的な態度とは対極をなすということは強調しておきたいと思います。

明恵上人の「自生的秩序」肯定の思想

このことと関連するのが、鎌倉時代前期の華厳宗の僧侶、明恵上人《みょうえしょうにん》の思想です。社会学者の大澤真幸は著書『日本史のなぞ』のなかで、「貞永式目」（御成敗式目）を制定したことで知られる北条泰時に大きな影響を与えたとされる明恵上人の根本思想について、「自然発生的な秩序の絶対的な――いやむしろ過剰な――肯定にある」（『日本史のなぞ』、一五五ページ）と述べています。さらに大澤は、抽象的な理念だけで革命を引き起こすことは日本的ではないとして、次のように述べます。

> 革命は、一般に、自然発生している秩序や運動を徹底的に肯定することを通じて、自らもその秩序や運動に参加することによって実現するのだ。革命は、自然発生している秩序に抗して為《な》し遂げられるのではなく、逆に、それを、徹底して、過剰なまでに肯定し、引き受けることによって可能になる。（前掲書、一五九ページ）

自分の考えに合わないからと言って排除するのではなく、自生的・自然的に発生している現実の秩序を直視し、むしろそれを過剰なまでに肯定することによって物事は成し遂げられる。大澤は、日本史上唯一成功した革命は、北条泰時の貞永式目制定だと述べるのですが、泰時がこの革命に成功したのも、このような明恵の「すべてを受容する」思想を取り入れたことが大きいと指摘します。すべてを受容するとは、すべてをいったん「包摂する」と言い換えてもいいように思われます。

ハイエクと明恵の「自生的秩序」

ここで思い出したいのは、第二章で取りあげたハイエクです。ハイエクの思想は端的に言えば、人間をめぐる世界には非常に複雑な相互作用があり、科学的なアルゴリズムによって分析し、設計できるものではないということです。人間はいろいろな過ちを犯す厄介な存在ではあるけれども、だからといって、独裁者が設計主義的な思想で世界を思うように変えようとすると、さらに深刻な過ちを犯してしまう。共産主義社会や文化大革命の壮大な失敗については、繰り返して指摘するまでもありません。

「世界はこう改革すべきだ」という設計主義的な発想ではなく、それぞれ個人としては能力に限界のある人間が、時間とともに創りあげてきた伝統・慣習・道徳や制度からなる「自生的秩序」のなかで相互に影響を与え合いながら、自然発生してくる新たな秩序を、明恵上人のように「過剰なまでに肯定」し（大澤）、少しずつ前進していくしかない。

もちろん、そのことを可能にするには、何といっても「人間の尊厳」が保障されていることが前提です。人間の判断は多様であり、何が正しいかは事後的にしかわからないことがほとんどです。民主主義が少なくとも短期的には正しい決定をもたらすとはかぎりません。人はポピュリズムに流されやすいし、人間の歴史は数々の戦争をはじめ、失敗の連続でした。人間社会は基本的に不安定なものだった。人間はさまざまな失敗をし、少しずつ学習していく。その積み重ねによって社会を少しでも良くしていく。そうする意志を強く持つことによって、望ましい「自生的秩序」が徐々に生まれていく。これしか方法がない。これがハイエクの考え方であり、明恵上人の思想です。

私たちとしては、人間の理性に全面的な信頼を寄せることはできないにしても、人間社会の本来的な不安定性を自覚し、「排除の論理」から「包摂の論理」への転換を目指すための地道な努力を積み重ねるしかないのではないでしょうか。そこから、多くの人たちが是認できる「自生的秩序」が生まれてくるとすれば、人類の将来への展望も開けてくるはずです。
そのような、望ましい「自生的秩序」が出てくる条件とは何か。それは自明ではありませんし、単なる楽観論かもしれません。「データイズム」が「ヒューマニズム」に取って代わるという憂鬱な議論を展開したのはハラリでしたが、そのハラリは『サピエンス全史』の最後でこう言っています。

唯一私たちに試みられるのは、科学が進もうとしている方向に影響を与えることだ。私たちが自分の欲望を操作できるようになる日は近いかもしれないので、ひょっとすると、私たちが直面している真の疑問は、「私たちは何になりたいのか?」ではなく、「私たちは何を望みたいのか?」かもしれない。この疑問に思わず頭を抱えない人は、おそらくまだ、それについて十分考えていないのだろう。(前掲『サピエンス全史』下巻、二六二ページ)

結論は、私たち一人ひとりが事態の深刻さについて熟慮し、「私たちは何を望みたいのか?」という、誰もがこれまであまり深刻に考えてこなかった問いに適切な答えを用意できるようになることです。これ以外に、人類を救う方法はないということです。

そのうえで、ＡＩの進む方向について人類が適切な指示を下すこと。その際の基本思想が「包摂」であることは言うまでもありません。ＡＩ資本主義が、「包摂」の思想を自らの情報システムのうちに組み込むことに成功すれば、人類の未来は明るいと思います。

引用・参考文献（本文への登場順）

＊掲載のURLは二〇一八年一一月現在のものです

・中谷巌『資本主義はなぜ自壊したのか――「日本」再生への提言』集英社文庫、二〇一一年
・ユヴァル・ノア・ハラリ著、柴田裕之訳『ホモ・デウス――テクノロジーとサピエンスの未来（上・下）』河出書房新社、二〇一八年
・ユヴァル・ノア・ハラリ著、柴田裕之訳『サピエンス全史――文明の構造と人類の幸福（上・下）』河出書房新社、二〇一六年
・イマニュエル・ウォーラーステイン著、山下範久訳『ヨーロッパ的普遍主義――近代世界システムにおける構造的暴力と権力の修辞学』明石書店、二〇〇八年
・クリストフ・ボヌイユ、ジャン＝バティスト・フレソズ著、野坂しおり訳『人新世とは何か――〈地球と人類の時代〉の思想史』青土社、二〇一八年
・矢島文夫訳『ギルガメシュ叙事詩』ちくま学芸文庫、一九九八年
・マックス・ヴェーバー著、大塚久雄訳『プロテスタンティズムの倫理と資本主義の精神［改訳版］』岩波文庫、一九八九年
・片山杜秀『「五箇条の誓文」で解く日本史』ＮＨＫ出版新書、二〇一八年
・エリック・ホブズボーム著、大井由紀訳『20世紀の歴史――両極端の時代（上・下）』ちくま学芸文庫、

二〇一八年
・マルクス・ガブリエル著、清水一浩訳『なぜ世界は存在しないのか』講談社選書メチエ、二〇一八年
・マルクス・ガブリエル・インタビュー「コンピューターは哲学者に勝てない――気鋭の38歳教授が考える『科学主義』の隘路」（二〇一八年七月一三日）https://news.yahoo.co.jp/feature/1016
・瀧澤弘和『現代経済学――ゲーム理論・行動経済学・制度論』中公新書、二〇一八年
・フリードリヒ・アウグスト・フォン・ハイエク著、佐藤茂行訳『科学による反革命――理性の濫用』木鐸社、二〇〇四年
・仲正昌樹『いまこそハイエクに学べ――〈戦略〉としての思想史』春秋社、二〇一一年
・リチャード・ドーキンス著、日高敏隆他訳『利己的な遺伝子〔40周年記念版〕』紀伊國屋書店、二〇一八年
・梅棹忠夫『文明の生態史観』中公文庫、一九七四年
・エドワード・W・サイード著、板垣雄三、杉田英明監修、今沢紀子訳『オリエンタリズム（上・下）』平凡社ライブラリー、一九九三年
・ダニエル・C・デネット著、土屋俊訳『心はどこにあるのか』ちくま学芸文庫、二〇一六年
・アンディ・クラーク著、池上高志、森本元太郎監訳『現れる存在――脳と身体と世界の再統合』NTT出版、二〇一二年
・オスヴァルト・シュペングラー著、村松正俊訳『西洋の没落（Ⅰ・Ⅱ）』中公クラシックス、二〇一七年
・中沢新一『日本の大転換』集英社新書、二〇一一年

・ヨルゲン・ランダース著、竹中平蔵解説、野中香方子訳『2052——今後40年のグローバル予測』日経BP社、二〇一三年
・ナショナル・ジオグラフィック「海鳥の90％がプラスチックを誤飲、最新研究で判明」（二〇一五年九月七日）https://natgeo.nikkeibp.co.jp/atcl/news/15/090400246/
・厚生労働省「健康用語辞典〈脱抑制〉」https://www.e-healthnet.mhlw.go.jp/information/dictionary/alcohol/ya-045.html
・W・D・ノードハウス著、室田泰弘他訳『地球温暖化の経済学』東洋経済新報社、二〇〇二年
・日本学術会議「提言　いまこそ『包摂する社会』の基盤づくりを」（二〇一四年九月八日）http://www.scj.go.jp/ja/info/kohyo/pdf/kohyo-22-t197-4.pdf
・オルダス・ハクスリー著、大森望訳『すばらしい新世界〔新訳版〕』ハヤカワepi文庫、二〇一七年
・ゲーテ著、池内紀訳『ファウスト　第一部〔新訳決定版〕』集英社文庫、二〇〇四年
・Angus Maddison, *The World Economy: A Millennial Perspective/ Historical Statistics (Development Centre Studies)*, OECD Publishing, 2007.
・河合隼雄『中空構造日本の深層』中公文庫、一九九九年
・山岸俊男『信頼の構造——こころと社会の進化ゲーム』東京大学出版会、一九九八年
・桑原晃弥『一生使える49の「知恵」トヨタ式考える力』日本能率協会マネジメントセンター、二〇一八年
・丸山眞男『忠誠と反逆——転形期日本の精神史的位相』ちくま学芸文庫、一九九八年

・大澤真幸『日本史のなぞ――なぜこの国で一度だけ革命が成功したのか』朝日新書、二〇一六年
・ルチアーノ・フロリディ著、春木良且、犬束敦史監訳『第四の革命――情報圏（インフォスフィア）が現実をつくりかえる』新曜社、二〇一七年

あとがき

二一世紀に入って世界には明らかな変化が起きた。「情報爆発」とでも呼ぶべき現象である。これによって、「金融資本主義」は「ＡＩ資本主義」とも呼ぶべき新たなフェーズへと大きく変わり始めた。

つい最近まで、人間はコンピューターを中心とする情報環境を制御していると思っていた。しかし、いまや人間はインターネットやＡＩが複雑に絡み合う情報ネットワークの連鎖のなかに埋め込まれ、それらを制御するというよりも、それらが形づくるシステムに従って生活するようになった。

いまでは、電車のなかでスマホを操作していない人を探し出すのは容易ではない。そして、旅行に行くにも、レストランを探すにも、あるいは、株式の取引をするにも、誰かと約束をするにも、高度にできあがった情報ネットワークと距離を置くことはもはやできなくなった。かくして私たちは、否が応でも、情報連鎖のなかの一員として毎日を生きるようになったのである。この情報連鎖の外に出て生活しようとすることは不可能ではないが、想像を絶する不便な生活を強いられることになるだろう（なお、本書では取りあげることができなかったが、このような情報社会の現代的様相についてはルチアーノ・フロリディ『第四の革命』を参照することをお勧めしたい）。

ＡＩが主役となった資本主義世界を本書では「ＡＩ資本主義」と名づけた。ＡＩが取り仕切る資本主義世界とは、これまでの「産業資本主義」や「金融資本主義」とどこがどう異なるのであろうか。金融資本主義はたしかに不安定であった。リーマン・ショックが世界経済に与えた影響はきわめて大きかった。この資本主義社会特有の不安定性の問題がいまだ解決されていないことは明白だが、ＡＩが加わることにより、資本主義の行方を占うことはいよいよ難しくなってきた。

ハラリは『ホモ・デウス』のなかで、憂鬱な未来像を描いて見せた。自分のことを自分自身よりもよく知るＧＡＦＡなどの巨大ＩＴ企業がヒトの生きる方向を知らず知らずのうちに規定してしまう世界。ＡＩがゲノム編集や再生医療、生命科学と融合することで、ますます寿命が延び、人類長年の夢であった不老不死が実現する結果、人間がサイボーグ化してしまう世界。他方、社会的な役割のなくなる無用者階級が社会の多数を占め、巨大な格差が発生する世界。その結果、リベラルデモクラシーが消滅してしまう世界。

仮にAIが高度な知能と高速の情報処理能力を駆使して人類を支配するようになる可能性があるとして、私たちはこれとどう向き合えばよいのか。環境破壊や財政赤字の累積などの例を持ち出すまでもなく、人間は目先の利益を優先する生き物である。長期的にはそうしないほうが良いとわかっていても、刹那《せつな》的な利益を求めることの多い生き物である。そのような刹那的な欲望に負けてしまう傾向が強い人間が、どうすればAIを自分たちの長期的利益のために使いこなすことができるようになるのか。

この根本的な問題克服のための簡単な処方箋はない。本書でも、それを明確に指し示すことはしていない。問題はそれほど簡単ではないからだ。本書が示そうとしたことは、もともと資本主義が持っている「自己利益のために他者を排除する」という思想を改め、「これまで排除の対象としてきた他者を包摂する」という思想に切り替えていくことが必要なのではないかということだ。このような「排除から包摂へ」という思想をどのような手順を経てAI資本主義のなかに組み込んでいくのか。それを二一世紀の資本主義世界の主要な課題と考えるべきではないかというものである。

これは単なる人道主義的な見地からだけでなく、成長鈍化が著しい資本主義世界に、より創造的なエネルギーをもたらそうという目的のためでもある。

もちろん、このような「排除から包摂へ」の転換は簡単に実現できることではない。「資本の論理」は相変わらず短期的なリターンを求め続けるであろうし、人間の利己的な行動もそう簡単に改まるものでもない。ただし、変化は着実に起こっている。これはどこかの独裁者が命令しているからではなく、私たち一人ひとりが、絶えず何が正しいかを模索し、地道に働きかけてきた結果である。間違いはつきものだし、脱線もするが、そのようにして壁にぶち当たりながらもできあがっていく「自生的秩序」がこの世界を形づくってきたのである。

本書では以上で述べた問題についてさまざまな角度から議論した。その過程で、多くの書物、多くの人々から多大な刺激を受けた。不識塾に参加いただいている師範のみなさん、そこに参加されてきた多数の塾生諸君、毎週の講義を引き受けてくださった多くの先生方には感謝の言葉もない。特に、「排除から包摂へ」という思想転換の必要性については、立命館大学の山下範久教授から、不識塾での議論を通じて多くの示唆を受けた。また、ハイエクの思想や制度の経済学などの最新の情報については、中央大学の瀧澤弘和教授から教わるところが多かった。斎藤哲也氏からはマルクス・ガブリエルの哲学について教えていただいた。また、この三名の先生方には本書の原稿に目を通していただき、貴重なコメントを頂いた。改めてお礼を申し上げたい。

本書が成るに当たっては、NHK出版の大場旦さんに負うところが非常に大きかった。彼の優れた編集能力がなければ、本書がこのような形にまとまることはなかった。また、私の拙い話をまとめていただいた山下聡子さんにもお礼を申し上げたい。不識塾運営担当の中村真理さんには本書の企画段階から協力していただいた。

最後に、すばらしい研究・執筆環境を提供していただいた三菱UFJリサーチ&コンサルティング株式会社の村林聡社長、秘書の嶋田佳世さんに感謝申し上げたい。ただし、ここで展開されている主張については、その責任一切は本人が負うものである。

二〇一八年一〇月

中谷　巌

編集協力　瀧澤弘和　山下範久
斎藤哲也　㈱不識庵
山下聡子
校閲　大河原晶子
DTP　角谷　剛

中谷 巌 なかたに・いわお
1942年、大阪生まれ。一橋大学名誉教授。
一橋大学経済学部卒業後、日産自動車を経て、
ハーバード大学で経済学博士(Ph.D.)を取得。
同大学講師、大阪大学教授などを経て、一橋大学教授(〜99年)。
細川内閣「経済改革研究会」委員、小渕内閣「経済戦略会議」
議長代理、ソニー株式会社取締役会議長などを歴任。
現在、(株)不識庵代表、「不識塾」塾長、
三菱UFJリサーチ&コンサルティング(株)理事長。
主著に『入門マクロ経済学』、
『資本主義はなぜ自壊したのか』など。

NHK出版新書 571
「AI資本主義」は人類を救えるか
文明史から読みとく
2018(平成30)年12月10日 第1刷発行
著者 中谷 巌
発行者 森永公紀
発行所 NHK出版
〒150-8081東京都渋谷区宇田川町41-1
電話 (0570) 002-247 (編集) (0570) 000-321 (注文)
http://www.nhk-book.co.jp (ホームページ)
振替 00110-1-49701
ブックデザイン albireo
印刷 慶昌堂印刷・近代美術
製本 藤田製本

Printed in Japan ISBN978-4-14-088571-0 C0220

NHK出版新書好評既刊

すべての医療は「不確実」である
康永秀生
がん治療をはじめ医療をめぐる情報は氾濫するばかり。惑わされないために、医療統計のプロが〝科学的根拠〟を手掛かりに秘訣を伝授する！
567

習近平と米中衝突
「中華帝国」2021年の野望
近藤大介
貿易戦争から技術覇権、南シナ海まで。激しく対立する米中関係の行方を長期取材で読み解く！「アジア新皇帝」習近平の世界戦略に鋭く迫る一冊。
568

マルクス・ガブリエル 欲望の時代を哲学する
丸山俊一＋NHK「欲望の時代の哲学」制作班
若き天才哲学者の密着ドキュメント番組を書籍化。哲学の使命とは何か？ 日本の「壁」とは何か？ 平易な言葉で「戦後史」から「日本」まで語りつくす！
569

手帳と日本人
私たちはいつから予定を管理してきたか
舘神龍彦
旧日本軍の「軍隊手牒」から現代の奇怪な「スピリチュアル系手帳」まで。知られざる手帳の歴史から、日本人の時間感覚や仕事観を解き明かす！
570

「AI資本主義」は人類を救えるか
文明史から読みとく
中谷 巌
人類誕生から資本主義勃興にいたる広大な歴史をふまえ、AI登場によって劇的な転換を遂げる人類と世界の未来を展望する。
571